U0084508

台灣南島民族的族群與遷徙

中研院院士
李壬癸 著

增訂新版

【張光直序】

走大路 說大話 開大門

台灣這個「寶島」上所有大家都知道的很多有學術價值的材料之中，如果讓我說哪一種材料是最有價值的，我的回答是台灣的原住民是在人文與社會科學上面最有價值的研究對象。台灣原住民是和我們一樣的公民，並不是科學標本，說他們是研究對象，好像是略有不敬。但是我們每一個人都是研究的對象，原住民是、漢人也是。研究人類學的學者，解剖學的學者，或是很多有關人的學科中任何一科的學者，都可以把我們做爲個人、或是做爲族群成員來研究。

台灣原住民的研究價值，是因爲他們是絕無僅有的（unique）。在台灣有約四十多萬說南島語的原住民，現在還能辨認出來二十幾種不同的語言，這是在全世界南島語族成員最密集的一個地方，而他們的語言又是最爲紛歧的。二十年代以來，很多歷史語言學者所公認的一條定理是，一種語言的發源地，是在它的各種類型（方言或語言）最紛歧，因而種類最多的一個區域。過去語言學家對台灣的南島語比較複雜紛歧還是新畿內亞的南島語比較複雜紛歧這個問題，有不同的意見。但最近國際南島語言學者似乎有傾向台灣是較複雜的南島語言區域，因此也就最可能是南島語族的老家這趨勢。本書的作者李壬癸先生就是持這種意見的。因爲台灣是南島語族的老家，有關的一項工作是古代南島語族文化的重建，也就是古代台灣原住民的文化重建。古代原住民文化的重建，是台灣考古學者的一個主要任務。在這裡，語言學和考古學就併合起來了。

做爲一個台灣的考古學者，我對於李壬癸先生的學術工作一向是懷抱著很大的興趣的。在看到這本書之前，我沒有想到李先生的學問內容竟是這樣的廣博。但略一沈思，即可恍然：我是將語言學放在一個非常狹窄的軌道裡思維的。實際上，現代的語言學和其他的學科一樣，已經是越來越廣，兼容並包，而且很富有哲學性的一門學問了。李壬癸先生的這本論文集，其實只在歷史語言學和實用語言學上，給了我們一些示範的工作；但他的示範，已經給了我很多的啓示。例如台灣南島語族的語彙在台灣族群（ethnic groups）上的意義，「矮人傳說」對於南島語族的關係，在台灣南島語言中關於舟船的名詞與南島民族的來源有何暗示，以及其他這類的問題，都惹人遐想，甚至想到李先生沒有讓我們想的問題。最後一點，就是舟船名詞的問題，我常在想，假如原住民是一萬年以前，台灣海峽海進的時候被四周逐漸出現的海逐漸困住了，他們就根本不需要舟船前來台灣；他們已在台灣！這一類的想法，是大逆不道的。但是，李先生一定會鼓勵我們從事大逆不道的思維。

語言學是如此的，其他的學門也是一樣。歷史學、人類學、考古學以及其他類似的學科，都是兼容並包、包括許許多多彼此不相容的理論與方法的體系。我們在這些大部頭的學問下做點工作，千萬不能把它們再放到狹窄的軌道裡面去滑行；那樣的話，我們很可能滑出軌道，或很快地就滑到了軌道的盡端。走大路，說大話，開大門。只要你沒有放棄細節，你的結論應當是合乎那「大膽的假設」的。

張光直

一九九六年十二月十一日

張光直

一九五四年台大考古人類學系畢業，一九六〇年獲美國哈佛大學哲學博士學位，先後任教於耶魯、哈佛大學人類學系，為國際知名的考古學權威，代表作《古代中國考古》（*The Archaeology of Ancient China*）。一九九四年，受中研院李遠哲院長聘請，回國擔任中研院副院長，一九九六年，因身體不適，辭去副院長職務，二〇〇一年一月三日病逝於美國波士頓。

【初版自序】

溯源與維護

這些文章絕大多數都是 1991-1996 年六年間我用中文所寫的，都已在各種學術刊物或會議論文中發表過。如今把它們集成一個冊子，有的只做了小幅度的刪改。所改的主要是錯字、內容有明顯的錯誤、或遺漏的地方。其他儘量不更動，以存本來的面目。因爲在不同的場合和需要而寫，部分內容難免稍有重複之處，爲顧及每篇論文的完整性，大都保留而沒有刪。

本書分爲兩大部分：一、起源與遷移，二、維護與發展。台灣南島語言的重要性，這幾十年來已獲國際南島語言學普遍的承認和重視。有關南島民族的起源和早期遷移、擴散的問題，台灣南島語言佔有極關鍵的地位。同樣地，要重建南島語族的史前文化，台灣南島語言也提供不可或缺的證據。第一部的前四篇論文都是針對台灣南島民族的起源、遷移、擴散歷史而寫。第一篇是在 1979 年發表的，當時作者仍然傾向於百年前荷蘭學者 Hendrik Kern 的學說：古南島民族的起源地在中南半島及華南部分邊疆地區。這二十多年來有更多的語言學家和考古學家，提出新證據來證明台灣才是眞正的南島民族的發源地，這是第二篇所要說明的。第三篇主要在寫台灣南島語言的分布和族群的遷移，也就是南島民族在本島上的遷移和擴散歷史。第四篇提出古南島語言分支的最新看法，並說明台灣東部各族群的來源和遷移史。第五篇是利用歷史語言學的方法重建南島民族的史前文化，探討古南島民族的各種生活環境和方式，當然也涉及起源、遷移和文化變遷的歷史。根據語言學和考古學兩學科的證據，南島民族在台灣的歷史大約有六千年。他們從亞洲東南部橫渡台灣海峽到達台灣，必須要有舟船的工具。相關的語詞在台灣地區以外的南島語言非常豐富，何以台灣南島語言看來好像是例外？第六篇就是在嘗試提供相關的例證，說明台灣實際並非例外。第七篇寫關於矮人的傳說，這種傳說可能反映一個史實：南島民族來台之前已有另一種民族在本島上定居，後來卻消失或被同化了。台灣舊石器時代的考古遺址和器物也提供這一方面的線索。以上七篇文章主要都在論述南島民族的起源與遷移，部分涉及文化變遷。

既然台灣南島語言的地位如此重要，而這些語言又在快速消失中，如何維護與發展這些珍貴的母語文化，便是當務之急。第二部的六篇便是針對同一主題。第一篇是從物種和種族的多樣性看台灣的重要性，並作扼要的說明。第二篇是作者在向全國民眾鄭重呼籲：大家要珍惜我們的文化寶藏，珍惜島上這些所謂「沒有文字的語言」。第三篇是在敘述前人的功績，他們對台灣南島語言所奠定的研究基礎。這些先驅者或開拓者包括日本學者小川尚義、淺井惠倫、土田滋，俄國學者聶甫斯基，中國學者李方桂、董同龢等幾位教授，以及非常重視並大量引用台灣南島語言的國際南島語言學者，包括歐美的 Isidore Dyen, Otto Dahl, Stanley Starosta, Robert Blust, Malcolm Ross 等等。國內一直缺少方便國人使用的台灣南島語言詞典，第四篇就是檢討過去所有的詞典和詞表的缺失，提出編纂詞典的原則、要領和技巧，盼望國人能同心協力編出內容更充實、編排又方便檢索的詞典來。母語的使用和教學是維持母語不致消失的不二法門，第五篇便是討論如何建立正確的觀念和態度，如何編寫好的母語教材。最後一篇是寫作者從事台灣南島語調查研究工作的一些感想和心路歷程，我所要感謝的諸多親友和機構。

李壬癸

謹序於南港中央研究院歷史語言研究所

一九九六年十一月十日

二〇一〇年九月修訂

【再版自序】

浴火重生

這部論文集於 1997 年由常民文化出版，承讀者謬愛，曾經發行到一版四刷，前後總共銷售了數千本。幾年前常民出版社歇業了，此書也就絕版了。爲因應外界讀者的需求，早在去年（2009）前衛出版社就已表示有意願再版。我因研究工作忙碌，一直拖到最近才動手做整理。我趁這個機會改正了一些錯字，並且在內容也做了小幅度的調整：刪去一些已經過時的或不太正確的說法，關於矮人傳說中的文本（texts）也都刪去了，並刪除原先第二部第三章〈台灣南島語言研究的現狀與展望〉，同時也補上二篇最近才寫成的文章：〈台灣東部早期族群的來源及遷移史〉（2010），〈從物種和種族的多樣性看台灣的重要性〉（2008）。原來在 1995 年發表的〈台灣南島語言的詞典編纂技術檢討〉，也改用 2007 年增訂過的新版本。

近幾年我跟十多年前的看法最大的不同是：古時台灣南島民族是同時遷移到台灣來的，後來才在台灣逐步分化爲現在所知的約二十種不同的族群，而不是過去所說的他們分批到達台灣的。最重要的語言學證據是：

絕大多數的台灣南島語言，包括各種已消失的平埔族語言，都保存古南島語的 *S[1]，對它的反映不是 s 就是 ʃ，例如古南島語 *DuSa > 魯凱 Dusa, 布農 dusa, 賽夏 roSa'「二」。而台灣地區以外的所有南島語言，不是都已丟失就是變成 h，*DuSa > 巴丹群島 Itbayat 語 duha, 馬來 dua「二」。假如台灣南島語言分批到台灣來，怎麼會那麼湊巧，絕大多數都保存了古南島語的 *S，而其他地區的語言卻都沒有保存？單就這種現象而言，就很難解釋古南島民族會從印尼或其他南洋群島遷移到台灣來。這絕不是用「台灣很孤立」所能解釋的現象。更進一步說，從 s 演變成 h 是世界上各種語言很常見的現象，而從 h 演變成 s 卻從未見過。台灣南島語言保存許多古語的特徵，這是國際南島語言學界普遍公認的事實。

又如，台灣地區以外的所有南島語言，舌尖音 t, d, n 等音各有兩種不同的來源，即古南島語區分 *t 和 *C，*d 和 *D，*n 和 *N，只有台灣南島語言有這些區分，而在台灣以外的所有語言卻都各只有一種舌尖音 t, d 或 n。這也不是分

---

❶ 卑南語已完全丟失 *S，而西拉雅語也已變成 h，可說是極少數的例外。卑南語的各種語言現象都是十足的台灣南島語言。從很獨特的音韻演變：PAN *n 和 *j 的合併（Blust 1999, Li 2004）看來，西拉雅跟阿美、噶瑪蘭、巴賽關係很密切，而後面三種語言都還保存 *S 為 s，可以推知不久以前西拉雅語還保存為 s。沙阿魯阿語雖然也丟失大部分的 *S，但在有些語境還是保存為 s（參見 Tsuchida 1976:159），況且跟沙語關係最接近的卡那卡那富語也都保存為 s。

批到台灣來所能解釋的語言現象。

台灣南島民族各族群的語言和文化彼此的差異很大，各考古遺址出土的器物所呈現的各種不同文化類型差異也很大。因此，在台灣有些考古學者和人類學者就以爲他們是分批到台灣來的。其實，差異大也可能是因爲他們分化的年代很久遠，顯示時間的縱深很長，卻不一定表示他們就是分批遷移到台灣來的。

近十年來（2001-2010）我以中文發表的論文，大都收入了我的另一本論文集《珍惜台灣南島語言》（前衛，2010）裡。現在再版的論文集所收的文章，大都是十多年前（1991-1996）所寫的，觀點雖相近，但是這兩部書的資料跟內容卻頗多不同。

南島民族在國內屬於少數民族，相關的研究是屬於相當冷門的學問。幾十年前，除了極少數從事純學術的研究工作者之外，這門學問可說是乏人問津的。直到最近幾年，因爲政治生態環境的改變，它才搖身一變而成爲「顯學」，這是四十年前我決定投身於這個冷僻的學術領域時所始料未及的。

本書在1997年初版時，我很擔心常民文化會血本無歸。沒想到居然會出版到第四刷。對於幾千位愛護我和支持我的讀者，我除了心存感激之外，同時也感到有些內疚。這些不太成熟的文章，內容需要檢討改進的還很多，錯字恐怕也不少。趁這次再版的機會，我從頭仔細校過一遍，改正的錯字竟然還不少，難免令人汗顏。至於內容需要重新改寫或增訂的地方並不少，但卻有實際上的困難，我只好向讀者表示歉意了。主要是我的看法有些改變了。有些地方必須根據新獲得的證據好好地加以改寫，可惜這不是現在所能做到的工作，只好俟之來日了。

有關南島民族的擴散歷史，Peter Bellwood 最近幾篇文章，如 Bellwood 1997，提出一些後續的補充意見和較詳細的說明。關於史前文化，新出的材料可以使本書第一部第五章的內容更豐富，而且也可以有一些不同的觀點和看法。現存南島語言的總數本來就難以有精確的算法，不過根據 Barbara F. and Joseph E. Grimes 等人（1994）所提供的資料，約有一千二百種（包括台灣南島語言 14 種，西部南島語言 529 種，中部南島語言 150 種，新幾內亞及其附近的語言 39 種，大洋洲語言 468 種）。總之，本書內容還可以寫得更充實一些，需要改進和補充的地方也委實不少。因限於時間，都無法及時補正，尚請讀者鑒諒。

李壬癸
於南港中央研究院語言學研究所
二〇一〇年九月十二日

目次

第二部 維護與發展

第一部
起源與遷移

檳榔
諸邑麻豆霄壠目加
溜灣等社熟番至七
八月待採名曰採摘

台灣土著民族的來源
從語言的證據推論[1]

一、前言

台灣土著民族屬於南島語族（Austronesian, 或稱 Malayopolynesian）。這個大語族現今遍布於整個太平洋及印度洋，包括馬達加斯加、印尼、菲律賓、台灣、新畿內亞、紐西蘭、夏威夷、麥可羅尼西亞、麥拉尼西亞、玻利尼西亞等各地島嶼的語言。此外，還有馬來半島上的馬來語以及中南半島上越南與高棉的查姆（占婆）語。這個語族分布的區域最廣，語言的數目也最多，約有一千種之多。在這一大片的島嶼區內，在部分的島上（如台灣、新畿內亞、帝汶）也使用非南島民族的語言（Dyen 1971:5）。

台灣土著民族既然都是南島民族，台灣土著民族的來源

[1] 本文於 1979 年 4 月 9 日在語言學座談會上發表。承丁邦新、梅廣、屈承熹、臧振華、孫志文（Sprenger）幾位先生在會中提出寶貴意見或參加討論，特此一併致謝。

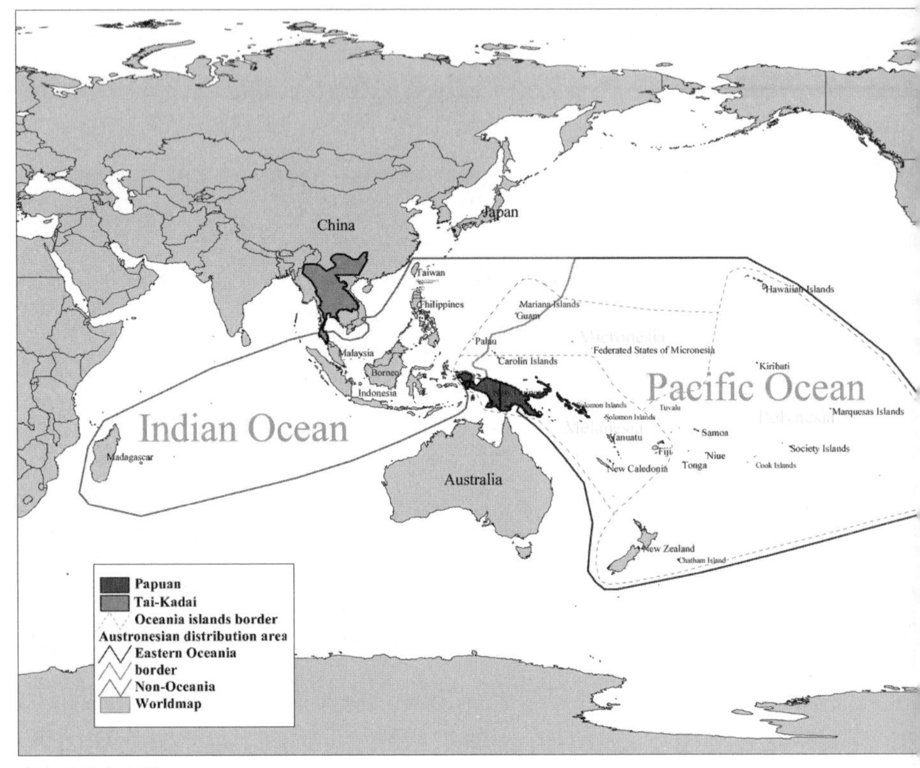

南島民族分布圖

問題也就是南島民族的來源問題，因爲整個南島語族的親屬關係已經確定，古南島民族應有同一起源地。

有關南島民族的來源問題，各行的學者曾經利用各種不同的證據來加以推測，從文化的、考古的、語言的證據加以推論。也有由不同行的學者合作，例如由考古學家與語言學家共同探討合作而成的論文。有的學者根據文化的特質來證明起源地是中國大陸華南一帶，有的學者根據語言古生物學的證據推論出中南半島（含中國南疆），有的學者根據詞彙統計

法與語言分布之紛歧情形而提出新幾內亞、麥拉尼西亞、台灣、蘇門答臘等幾個可能性。甚至有的學者提出麥可羅尼西亞，但並沒有任何理論的根據。本文從語言學的觀點，檢討各家學說的優劣，希望對於古南島民族起源地的問題有進一步的了解，藉以探索最合理的答案。

二、有關南島民族起源地的各種學說

1. 麥可羅尼西亞是起源地

C. E. Fox（1947:59）說：「原南島民族是現代玻利尼西亞人的遠古祖先……。他們來自何處，我們並不知道。MacMillan Brown 可能說對了，起源地在麥可羅尼西亞。後來陸沉，或被海水淹沒。這一來把他們趕向西、向南，最後向東。」這種臆測毫無根據。誠如戴恩（Dyen 1971:6）所指出，麥可羅尼西亞在中太平洋，從中心地帶向外擴散，可說是這種臆測的唯一優點。奇怪的是，這一

> 語言學小百科
>
> **起源地**
>
> 「起源地」（homeland）是指南島民族還沒有分化以前，仍屬同一民族（people），仍操同一種語言時的居住地；當時也許已分成若干部落，已有方言的差異也不一定，但大體上仍居住在同一區域，未離開主體而遷移到新居住地去。起源地或可稱故地、原鄉、原居地。

類的假說居然在五十年代還會有人提出來！

2. 凌純聲的中國學說

早在民國三十九年，凌純聲先生在〈東南亞古文化研究發凡〉一文中，就提出一個新穎而大膽的假設：「我們現在提出所謂印度尼西安文化古代分布的區域，不僅在東南亞的半島和島嶼，且在大陸方面，自半島而至中國南部，北達長江，甚至踰江而北，遠至淮河秦嶺以南。東起於海，橫過中國中部和南部，西經滇緬，而至印度的阿薩姆。」凌先生從中國史書中去找東南亞各民族的來源。他認定他們在古史中的名稱，所以同文中他又說：「根據古史所載，代表東南亞古文化的民族，古代在中國東南者爲百越，在西南者古有百濮，後稱僰獠，越與濮在古均以百稱，言其族類之多，如在春秋時有於越，戰國有楊越，漢有甌越、閩越、南越、駱越，三國時尙有山越，雜居於九郡之山地。百越所居之地甚廣，佔中國東南及南方，如今之浙江、江西、福建、廣東、廣西、越南、或至安徽、湖南諸省。」

他這一說法發表之後，頗引起中、日民族學者的注意。到了民國四十一年，他又發表了一篇〈古代閩越人與台灣土著族〉，他（凌 1952:37）更明白地寫道：「台灣土著並非如鳥居氏所說新入的馬來系，而是在古代與原來廣義的苗族爲同一民族居於中國大陸長江之南，屬於同系的越濮（或越獠）民族，今稱之印度尼西安或馬來族。越濮民族在大陸東南沿海者，古稱百越；散處西南山地者稱百濮。台灣土著系屬百越，很早即離大陸，遷入台灣孤島，後來與外隔絕，故能保存其固有的語言文化；其留在大陸之越濮，則與南下漢藏系文化的漢、泰、苗、傜、藏、緬諸族混合，有的完全涵化，有的雖習用其語言，然仍保有許多東南亞古文化的特質，如上述土著族的紋身、缺齒、拔毛、口琴、貫頭衣、腰機紡織、父子連名、獵首、靈魂崇拜、室內葬、崖葬等等，在西南諸族，多能找到。……我們根據上面所述，東南亞古文化特質的研究，至少可說多數的台灣土著族在遠古來自中國大陸，或整個的原馬來族，是由亞洲大陸南遷至南海群島。」

凌先生主要根據文化的特質與古史的記載，特別是第三世紀初葉三國時東吳沈瑩所著的《臨海水土志》一書的記載，來證明「台灣土著族與古代閩越人是同一文化系統的民族」。

對於凌純聲學說的評論：如果凌純聲的說法能得到充分的證明，這對中國人來說是一件很值得興奮的事。事實上，國內已有不少人引用他的說法，並且奉為定論。可惜的是，如果從純學術的立場來討論這件事，就會發現一些疑點，有待澄清：第一、文化很容易移借，有一些相同的文化特質未必就能證明是同一民族。民族、文化、語言三者的關係往往很複雜，並不是單純的一對一的關係。第二、在凌先生所界定的大東南亞區域內，包含有許多不同的民族與語系：南亞語族（Austro-Asiatic）、南島語族、漢藏緬語族、傣族、Kadai（含黎族）等等。在中國西南邊境與越南、緬甸、高棉、寮國、泰國等地，有極複雜的種族與極紛歧的語言。凌先生把它們都泛稱為「東南亞古文化的民族」或稱「越獠文化」。但我們都知道，台灣土著族都只是單純的南島民族。第三、斷言中國古史所載的百越就是南島民族，為什麼就不是南亞民族？或甚至今之越南人或其他種族？他並沒有提出任何考古的、體質的或語言的證據，實在很難令人完全信服。第四、斷定「台灣土著族在遠古來自中國大陸」與斷定「整個的原馬來族是由亞洲大陸南遷至南海群島」是兩回事，不能混為一談。這兩件事的範圍相差很大。如果其一屬實，另一未必也屬實。

凌先生學說的一個優點就是，從中國大陸東南部沿海一帶遷移到台灣，遠比從其他地方（包括中南半島、新幾內亞等地）近得多、容易得多。如果一般學者的看法（南島民族的起源地是中南半島，參見下節）是正確的話，那麼當初南島民族也有可能部分居住在當

語言學小百科

越獠文化

凌純聲對東南亞古文化在中國，曾說：「東南亞古文化在中國東南沿海者可稱之為吳越文化；在西南內地者為濮獠文化，二者合稱越獠文化。而今越獠的遺民自東而西有住在閩江及珠江下游的蜒民、海南島的黎人、廣西的洞家、湖南貴州的犵狫、黔南的水家、雲南的土獠、緬甸的卡倫、滇緬邊界的崩龍和卡瓦等等，保存原始的印度尼西安文化最多，其他的苗傜、玀玀、擺夷等族，曾與越獠文化接觸互相同化，至今多少尚能保存若干文化特質。」（〈東南亞古文化研究發凡〉，1955年）

今中國境內的東南沿海一帶，大約在北回歸線（北緯 23° 27'）以南的區域。但凌先生所說的「北達長江、甚至踰江而北，遠至淮河秦嶺以南」，似乎太靠北了。

假如眞如凌先生所說的，所有台灣土著民族「在古代居於中國大陸長江之南」，那麼來自中國大陸的南島民族，至少應有一部分遷移到台灣以外的島嶼，如菲律賓、印尼等地，或者有一部分台灣土著民族來自中國大陸以外的亞洲大陸這幾種可能性，而不會湊巧剛好全體台灣土著民族都來自中國大陸那麼單純。這幾十年來，語言學、人類學、考古學的研究成果顯示：台灣土著民族的組成分子相當複雜與歧異，他們可能是分批遷移過來的，而且可能從起源地的不同區域遷移過來的。

3. 柯恩（Kern）的中南半島學說

如 McFarland and Tsuchida（1976:60）指出，根據語言的證據來推論一個語族的起源地，至少有三種方法：(一)語言古生物學（linguistic paleontology, 例如，Scherer 1968），(二)語言的分布與移民學說（如 Dyen 1956），(三)地名的研究（例如，Krahe 1954）。

柯恩（Kern）於 1889 年以荷蘭文發表的〈斷定馬來亞玻利尼西亞民族起源地的語言學證據〉一文，就是使用語言古生物學的方法。此文在 1917 年在他的文集裡重刊。這是一篇極重要的文獻。凡是探討南島民族的起源問題的，都常引用他這篇論文。日人淵澤元則於 1958 年譯成日文發表。土田滋於 1966 年譯成英文，十年後由 Curtis D. McFarland 修改後才正式發表。

柯恩指出，要研究起源地，可以從植物群及動物群找到地區的證據，尤其限在某種氣候範圍內才能找到的植物群與動物群。他比較了遍布於各地區的一百多種南島語言，擬測所得的古南島字源中，包括甘蔗、椰子、香蕉、竹子（四種竹）、籐（蘆葦）這一類的植物，都是熱帶的植物，因此他推斷古南島民族的故居（或起源地）應在熱帶地區。

他更進一步指出，古南島語含有關於稻米（稻、米、旱田）的詞彙，而且這一類的詞彙卻是東部南島語言[2]所沒有的，因此這一民族的起源地必定在亞洲東部；東部南島民族一直到歐洲人來了以後才知道有稻米。

古南島語還有一些較不顯著的植物：黃瓜（大黃瓜與小黃瓜二種）、林投、薯蕷、蕁麻、芋頭、魚藤等。當然還有許多別的植物，南島民族帶著有關那些植物的智識離開起源地，植物名稱也流傳至今。爲了證明某一個植物名確實在古南島語已存在，不只在現代語言至少要有兩種語言還保存，而且這兩種語言必須要相當疏遠才行。

我們觀察古南島語的動物名，很顯然地南島民族的起源地一定在靠海的地方。因爲整個南島區域對於一些海生動

---

[2] 南島民族的分布，在語言學上傳統分為東西兩大部分：一為東部南島語（Eastern Austronesian, 或稱 Oceanic），一為西部南島語（Western Austronesian, 或稱 Hesperonesian）。這是根據語言的一些特徵而分的。

物都使用相同的名稱：鯊魚、烏賊或章魚、龍蝦或蝦、鰭刺（ray, 或鷂魚 rayfish）、海龜等。

還有一些別的證明顯示，古南島民族不僅住的地方靠海，而且是一個航海民族，這也是這個民族散居在這個廣大區域的一個重要因素。這一類的詞彙包括船、帆、船槳等。

古南島語的詞彙還有一些動物的名稱：蚊子、蒼蠅、虱子、虱卵、蛾或小蝨、蜘蛛、老鼠、狗、豬、母雞、鶴。這些動物幾乎到處都有，因此不能幫我們斷定在哪一個地區。古南島民族極可能已知見於菲律賓的水牛，至於馴養的母牛也有可能；這兩種動物本來就同「屬」，關係密切。斐濟（Fiji）與Moluccas群島也有「水牛」一詞的同源字，可是卻指「牛」的通稱。這一事實更使我們相信起源地應在西部。

更好的證明是「鱷魚」一詞，最遠到所羅門（Solomon）群島的東部。新赫

語言學小百科

語言古生物學

歷史語言學有一個很吸引人的應用，就是利用擬測的（reconstructed）部分語言資料，特別是動、植物的名稱，來推斷史前的文化跟地理位置。這種研究稱爲「語言古生物學」（linguistic paleontology）。在古印歐語族這一方面已經有相當廣泛的研究，而且已有相當可靠的研究成果。語言古生物學的方法運用到沒有文字記錄的語族，如美洲印地安語族、非洲班都民族及亞洲太平洋南島民族（含台灣），也都有相當成效。

布里斯（New Hebrides）群島以及再往東的斐濟群島，都沒有這一詞。雖然亞熱帶也有鱷魚，但根據前面所列舉的植物與動物群，這一切的證據都指向把古南島民族的起源地擱在熱帶地區，而且在海邊。因此我們可以得到初步的結論：南島民族起源地若不在印尼就在中南半島的東岸，最北到中國的南疆，在北回歸線以南；最南不會超過爪哇，大約南緯八度。

根據以上的資料，要把範圍再縮小就很困難了，因為中南半島與群島❸的氣候、植物、動物都相當一致。積極的與消極的兩方面的證據都如此。消極的證據，例如「馬」（kuda 或 kadjaran）這個動物的名稱，見於中南半島的查姆（Cham）語、馬來語、蘇門答臘的巴塔克（Batak）語、古爪哇語等等，但從字形判斷似乎都是外來語，可能借自印度的泰墨（Tamil）語或梵文。我們知道有些借字可以傳得很遠，例如梵文的「甘蔗」遠借到新幾內亞。有趣的是，「馬」kuda 一字借到菲律賓語的意思卻變成「象」了！在印尼大部分地區的「象」字是借自梵文。

還有其他動物見於印尼大部分地區、中南半島的東岸、台灣部分地區，如各種猴類、貓、虎豹與其他貓科的動物，以及各種鳥類。有些動物完全不見於東部太平洋地區的語

---

❸ Archipelago（群島）一詞，柯恩（1889）似指 Malay Archipelago（馬來群島），是指從馬來半島起到澳洲以北之間的所有島群。也叫做 East Indies, Indonesia, Malaysia。

言，因此我們無法確定見於西部及北部的動物名，是傳承（inherited）自古南島語，還是在東部南島語遷移之後才使用那些名稱。如果不常見的語詞散見於隔離得很遠的地區，那就很難認爲是借字，而應視爲古語較合理。譬如，有一種黑毛的猴子在爪哇語、馬來語、巽他語（Sundanese）、峇里語（Balinese）都叫做 lutuŋ。此字向北失去了蹤跡，但一直到最北的台灣又以 rutuŋ 字形出現，指猴子。[4] 解釋這件事實，除了說古語就有 lutuŋ 指「猴，黑色」，還有更好的解釋嗎？

比較礦物的名稱並沒有得到多少肯定的結果。只有「鐵」可能在起源地已知使用此物。在婆羅洲的 Dayaks 族與呂宋的 Igorots 族，很少跟外人接觸，但卻比其他南島民族都精於鑄鐵。不用說，一個民族無論多麼精於鑄鐵，如果移到沒有鐵的土地，而又與原住地失去連繫，自然而然地會改用其他金屬而忘掉了鐵。

綜合以上的證據，古南島民族的起源地乃在中南半島的東岸，或者群島中的一個島。我們是否可以找到別的證據來把範圍縮小呢？南島民族普遍有一個慣用的相對方向的語詞：「向海」（PAN *laHud）與「內陸」（或「高地」PAN *Daya），這一定是史前時代的慣用語。使用這種語言的民族，自然居住

---

[4] 王癸按：這種字形只見於台灣中南部及東部的排灣群語言，布農 hutuŋ，卑南 Lutuŋ，邵 ruθun，賽夏 Losoŋ，巴則海 rutuh，阿美 lutuŋ，噶瑪蘭 Rutuŋ，但不見於北部的泰雅群語言或中南部的鄒語群的語言。

在沿海的陸地，一邊靠海，另一邊應有相當遼闊的幅員，而不像在四面都有海的島嶼。誠然，像婆羅洲那樣一個大島，跟一個洲不易分辨，因此婆羅洲也有可能是南島民族的起源地。但這種假設很難成立，因爲我們很難解釋爲什麼這麼廣大而又肥沃的土地竟然人口稀少。何以古南島民族不先佔用與開拓這一大片領土，而要成群結隊地到別的地方去住？關於這一點，一定得有外來的壓力，才會使他們遷離故地。最簡單的答案是，古南島民族被比他們強大的民族逐步逐退，因而放棄他們的土地他去。如果我們再進一步考慮這一現象：有許多南島語詞彙移借到沒有親屬關係的中南半島的語言，包括高棉、越南、暹羅等語言，這不像是現今留在亞洲大陸上的南島語言所能解釋的現象。總結以上種種證據，我們可以得到最後的結論：古南島民族大概居住在占婆（Champa）[5]、中國與越南交界處、高棉、以及沿海的鄰近地區。

對於柯恩學說的評論：柯恩的結論跟考古學家與人類學家的一般看法相合。他的推論大致上都可以成立。漏洞不能說沒有，可是基本上都無損於他的學說。誠如戴恩（Dyen 1971:7）所指出，柯恩以爲古南島民族之所以移民是因爲承受了內陸來的壓力，但何以離開中南半島到附近島

---

[5] Champa 原指在印度境內克什米爾（Kashmir）東部的一支藏族。柯恩似指古代占婆大帝國，約在今越南本部，當時查姆語（Cham）是其重要語言。

嶼上去之後，還要繼續向東遷移呢？他的學說並不能解釋這一點。本文的作者以為，這大概是航海民族的習性使然吧。

柯恩所擬測的三十多個古南島語詞彙（附於原文之附錄），未必全屬於最古的古南島語；部分可能只能上推到南島語的一個分支。一個擬式至少要見於緊接在古南島語下的兩個支系，才可認定是古南島語的詞彙。這個問題牽涉到南島語族的分類（Subgrouping）。學者的分類有以下幾派的不同：

(1) Tsuchida (1976):

- 古南島語
  - 東部
  - 北西部
    - 西部
    - 北部（台灣）

(2) Haudricourt (1962, 1965):

- 古南島語
  - 東部
  - 西部
  - 台灣

(3) Dahl (1973):

- 古南島語
  - 非台灣
    - 東部
    - 西部
  - 台灣

(4) Blust (1977):

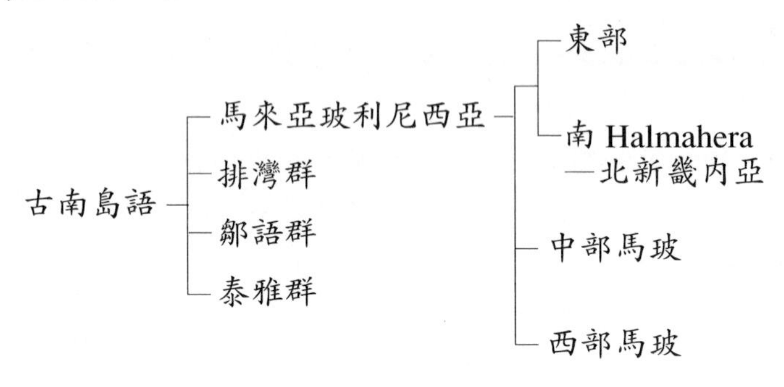

(5) Shutler & Marck (1975):

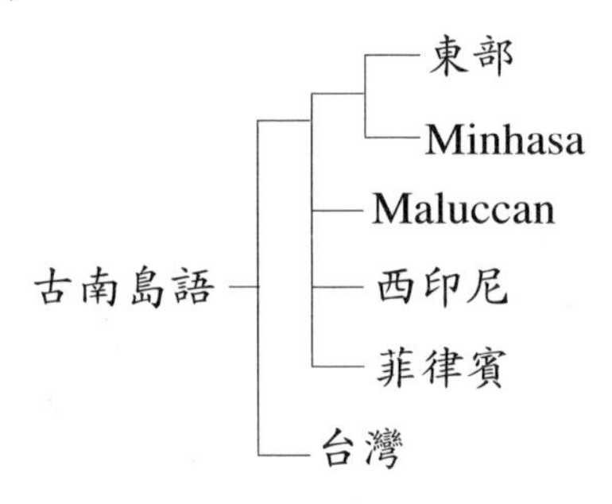

戴恩（1971:7-9）指出，如果採取第（1）種分類法，也是一般的分類法，那麼柯恩所擬的一些古南島語彙，如米、稻、旱田、鐵、黃瓜、黑毛猴等字，在東部南島語言都找不到同源字，或沒有真正可靠的同源字，因此都只能上推到古西部南島語。但如果採取其他的分類法，只要同源字見於西部南島語跟台灣南島語，就可以往上推到古南島語了。其實就算採用第（1）種分類法，而少掉了上面列舉的那六個古南島同源字，柯恩的學說並不因此而發生動搖。

戴恩（Dyen 1971:9-10）列出一些他確認是古南島語同源字，部分可以補充柯恩的字表，以下都跟海（或水）有關：船、大蛤、鱷魚、鰻、魚藤、魚陷阱、章魚、蠔、船槳、鷂魚、鯊魚、蝦／龍蝦、法螺、海龜；以下都是熱帶的植物：姑婆芋、竹、香蕉、玉蕊（或棋盤腳樹）、木麻黃、椰子、刺桐、薑、木槿、紅樹、林投、甘蔗、芋頭、三果木（或欖仁樹）、大薯。戴恩在結語中也說：古南島語有許多詞彙與海有關，加上許多熱帶的植物，這些都給我們強烈的暗示：起源地不是在島嶼就是在大陸沿海

語言學小百科

南島語言的東西差異

東部南島語言（Oceanic）與西部南島語言有明顯的語言差異。從語音、語法、詞彙這幾方面看，東部南島語言有許多共同的特徵，所以自成一群體。博利（Pawley 1972:1-2）根據Dempwolff（1934-38）的著作，歸納出東部南島語言有以下的語音共同現象：

（1）古南島語清濁對比的消失：*b與*p；*t與*T；*d與*D；*S與*z, *j與*c；*g與*k；*ŋk與*ŋg；*ns, *nz, *nc與*nj；*ə與*aw等各組的合併。

（2）古南島語語根輔音尾的消失，只有一些動詞有詞尾時才保存。

（3）失去古南島語以鼻音的連合（nasal accretion）爲重要的詞音位轉換過程。壬癸按：西部南島語，如菲律賓語言及印尼境內的語言，很多動詞都有這種詞音位轉換的過程，但在北部的台灣南島語言卻沒有。

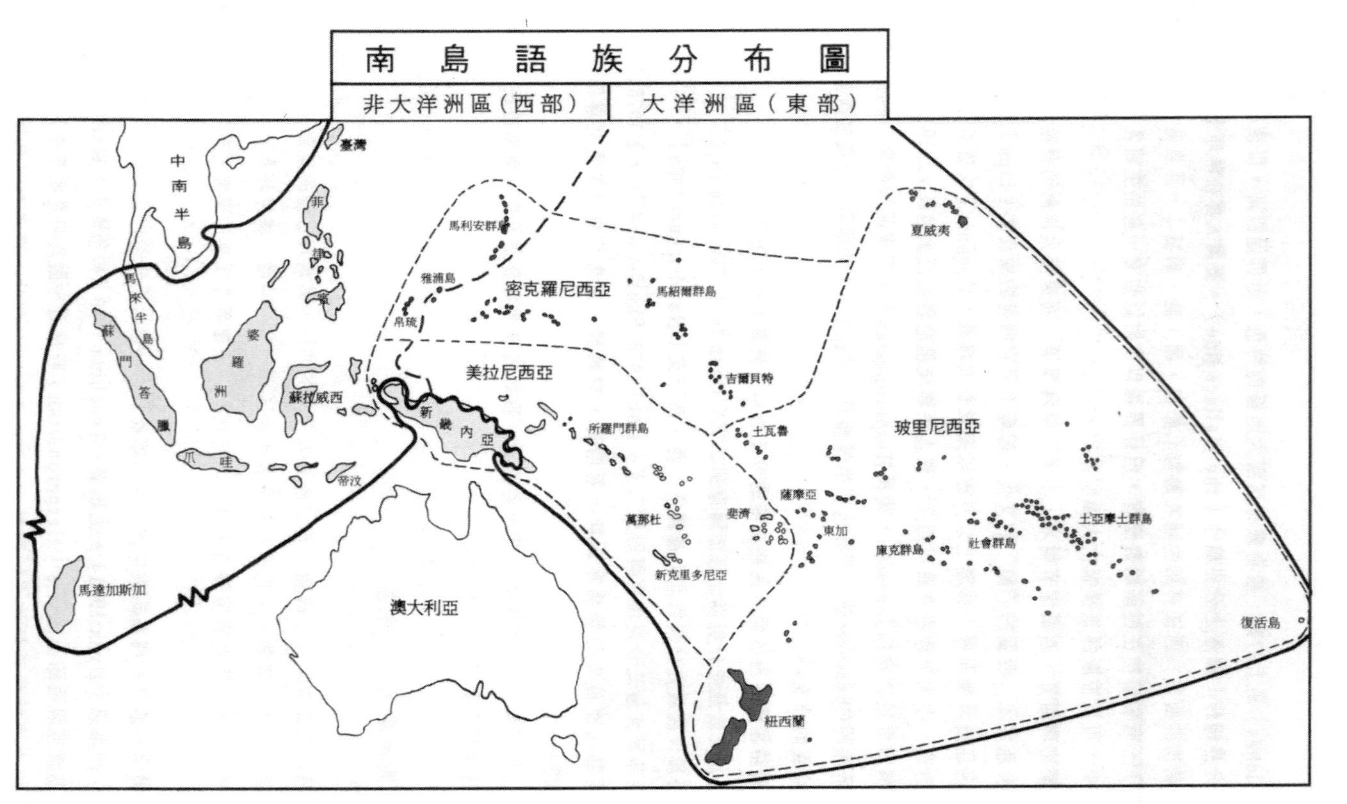
南島語族分布圖
非大洋洲區(西部)
大洋洲區(東部)
臺灣
中南半島
菲律賓
馬來半島
蘇門答臘
婆羅洲
蘇拉威西
爪哇
帝汶
馬達加斯加
馬利安群島
雅浦島
帛琉
密克羅尼西亞
馬紹爾群島
吉爾貝特
美拉尼西亞
新幾內亞
所羅門群島
萬那杜
新克里多尼亞
斐濟
土瓦魯
薩摩亞
東加
澳大利亞
紐西蘭
玻里尼西亞
夏威夷
庫克群島
社會群島
土亞摩土群島
復活島

東西南島語言分布圖

一帶。

古南島語既然有這麼多熱帶的植物，這顯示了古南島民族的起源地似乎是在熱帶地區，這一來就減少了台灣是起源地的可能性。台灣是在最後的冰河期的末期（約公元前八千年）成為一個島。那麼現在台灣島上所有的熱帶植物，應該是在那時期以後才引進的。種籽小的可以由鳥類經由糞便引進，如番石榴。體積大的又只生長在海邊的，只能由海水潮流帶過來，如林投、欖仁（？）、刺桐。至於甘蔗、香蕉、薑、芋頭、大薯、甜瓜等，只能由人類帶進來。我們已知台灣有些植物，如椰子，或許連甘蔗也在內，大約在公元前二千年前才由人類引進的。因為根據孢粉分析（pollen count）是在那個年代。根據詞彙統計法（lexicostatistics），古南島語至少應在公元前三千年，南島民族既然已知那些熱帶植物，那麼他們的起源地就不會是在台灣了（以上參見 Dyen 1971:10-11）[6]。

語言學小百科

清濁和清化

發音時聲帶顫動的就是「濁音」或「帶音」（voiced），聲帶不顫動的就是「清音」或「不帶音」（voiceless）。清音包括 p, t, k, f, s 等，濁音包括 b, d, g, v, z, m, n, l, r, a, i, e, o, u 等。從濁音變成清音叫做「清化」（devoice），如 b > p, d > t, g > k, v > f, z > s。

---

❻ 戴恩只指出兩種傳播的方式：海水潮流與人類攜帶。但我們知道鳥類及昆蟲也是傳播者。

柯恩的學說即使從現代的眼光來評鑑，仍然非常有價值。當然他這篇在一八八九年的著作，所引用的材料有些都已過時了。不過這也很容易補正。他當年也深感缺乏一些地區的語言材料：台灣、馬利安那群島、Central Celebes、Flores、東新畿內亞、新愛爾蘭、新不列顛、新卡利多尼亞等。百年來學者調查研究的成果，已大大增加了許多這些地區的語言材料。

4. 戴恩的西新畿內亞學說

薩皮耳（Edward Sapir 1916）最先在他的專書《美洲土著文化的時代透視》中提出這個觀念：我們可以經由有親屬關係的語言的地理分布，來推論民族遷移的歷史與方向；語言最紛歧（the greatest linguistic differentiation）的地區，也就是這個民族的古代居留中心。古樂貝（Kroeber 1955）在討論美洲印第安民族 Pacific Hokan 時，也採用相似的推論方式：「就 Pacific 族群而言，十五個群中有十個全部或部分留居在加利福尼亞州。說他們多數原來就住在那裡，當然要比說他們後來才全部跑到那裡去更經濟。」這個觀念，後來戴恩（Dyen 1956）在他的一篇論文〈語言分布與遷移理論〉有更詳盡的發揮。他就應用同樣的方法來推論南島民族的起源地。

戴恩（Dyen 1965）出版了一部專刊《南島語言的詞彙統計分類》。他以蘇瓦迪士（Swadesh）所擬定的二百個基本詞彙，去掉四個不合適的單字：雪、冰、冰凍、那個，還剩下 196 個。但有些語言的字表不全，所以每種語言只能比較 150 個或多一些的單字。他收集到 371 個字表。比較研究的結果，他發現有三個地區語言最紛歧：（一）新畿內亞—麥拉尼西亞區，（二）台灣，（三）蘇門答臘及沿其西岸的島嶼。這三個地區的語言同源詞百分比率最低。其中尤以新畿內亞—麥拉尼西亞區所包含的語言總數最多，而台灣及蘇門答臘兩區的語言數卻相當少。新畿內亞—麥拉尼西亞區的語言總數如此之多，計算錯誤的機會也最少，因此詞彙統計法的證據指向這個地區語言最紛歧，也可能就是南島民族的起源地（Dyen 1971:13）。

戴恩進一步指出，許多學者（如 Milke, Grace）都深信：東新畿內亞與麥拉尼西亞的語言都是屬於一個大支系，也就是 Oceanic 東部南島語支系的一部分。因爲東部南島語有一些共同的語音變化，如清濁塞音對比的消失。這一來，語言最紛歧的地區只是西新畿內亞及其附近的地區，因此起源地也就是那一區。

如果以一些共同的語音演變做爲語言分類的根據，那麼台灣地區以外的南島語言都有共同的語音演變：*t 與 *C 的合併，*n 與 *N 的合併等等，所有這些語言就自成一支系，可以叫做「台灣區外的古南島語」（Proto-Extra-Formosan）。這一來，台灣南島語言就是最紛歧，台灣也就可能是起源地了（Dyen 1971:14）。

然而，戴恩（Dyen 1964）曾指出，台灣南島語言也有一些共同的特徵。其中一項就是有共同的詞彙，是台灣區以外的南島語所沒有的，包括含有以下意義的 37 個單字：羽毛、大、血、雲、拉、唱、舌、年、昨天、二十、猴、穿山甲、蜜蜂、鬼、竹、松、語言、香蕉、葉、番薯、數、祖父、月、近、無、雪、雷、尿、眼、鹽、正確、肝、新、腐朽、陽具、一些、洗。[7] 通常有這一類意義的詞彙不大會是借字，台灣南島語言有這一群的同源字，似乎足可證明台灣南島語言自成一支系了，可以叫做古台灣南島語（Proto-Formosan）。那麼台灣又不像是古南島民族的起源地了。

對於戴恩學說的評論：戴恩的學說建立在以下的幾個假設：（一）語言最紛歧的地區就是起源地，（二）蘇瓦迪士的 200 個字表都是基本詞彙，也就是南島語言最重要而且最不易消失的詞彙，（三）戴恩對於他所處理的 352 種語言與方言都有相當的認識，因此他對於同源詞的認定有相當的把握，計算同源詞百分比才會達到相當的精確度。

對於第一個假設，達爾（Dahl 1973:123）就曾提出反對的意見：「我認為不可能單靠語言學的方法來決定這個語族的起源地。在南島民族的起源地現今只剩下一人也有可能。雖然今日他們分布在兩個海洋的無數島嶼上，但顯然在他們擴散之初或甚至之前就已是善於航海的民族了。如果一個航海民族受到內陸敵人的迫害，他們很容易就帶著家眷、飲食與捕

---

[7] 根據土田滋（Tsuchida 1976）的研究，台灣島上的共同詞彙跟戴恩所列的有不少的出入。土田（1976:313-20）所列的為：包／蓋、喝、去、膽汁、寫、豆、水瀨、一會兒、線、蜜蜂等等。有些詞彙如果不見於泰雅語群，土田就稱為南台灣語（PSF），那麼就更多了。根據本人幾年前的研究，專屬台灣地區的同源詞約有一百個之多。

魚器具上船，航行到他岸。留下不走的人可能被入侵者所殺害或同化。遷徙的其他原因可能是去找較好的漁場、較好的耕地或獵場。對航海民族來說，遷移遠比其他民族容易。可能在歷史上他們總遷移過不止一次。……因此，他們今日仍留在原居地只是許多可能性之一。」

戴恩計算的結果，語言最紛歧的有三個區域。他排除掉其中兩個區域：台灣與蘇門答臘，主要的理由是語言的數目並不多。然而就他所選中的語言總數最多的新畿內亞—麥拉尼西亞區，後來他又去掉了東新畿內亞與麥拉尼西亞兩地區的語言，所剩下的西新畿內亞的語言總數也就很有限了。就算語言最紛歧的區域就是起源地這個假設能

語言學小百科

南島語族同源字百分比知多少？

根據戴恩的報告，南島語族中有一種語言跟任何其他語言的同源字百分比低於 11.1%（按年代推算法，此語言跟所有其他語言的分裂年代超過五千年）。有 8 種語言或語言群跟其他語言的百分比低於 15%，有 33 種低於 20%，有 57 種低於 25%。一共有 39 種語言或語言群跟其他語言的同源字百分比低於 22.3%（按年代推算法，分裂年代在 1500 B.C.）。這 39 種當中，有 36 種在麥拉尼西亞：7 種在西新畿內亞，4 種在東北新畿內亞，11 種在俾斯麥（Bismarck）群島，5 種在所羅門群島，2 種在巴布亞，7 種在新加利多尼亞與新赫布里斯群島。其他在台灣的泰雅群（13.6%），蘇門答臘岸外的 Enggano，以及麥可羅尼西亞的 Yapese 語。由以上的數字看來，西新畿內亞紛歧的語言總數並不是最多。

成立，但一個語族同時有幾個紛歧區，而紛歧的程度與語言的數目又差不多，那又該如何選擇？

語言紛歧的成因很多，有的是與其他語言混雜的結果。例如，有的學者（如 Arthur Capell 1962）認爲麥拉尼西亞的南島語言並不是純種，而是洋涇濱化（Pidginization）的結果。所以最紛歧的語言未必就代表最早期的分裂。

語言最紛歧的地區是在南投縣境內：有泰雅群的泰雅語（包括 Squliq 與 Tśolé 兩方言）與賽德克語（包括 Tkdaya、Toda 與 Truku 三方言）、鄒語群的鄒語（在信義鄉望美村久美部落）、排灣群的排灣語、布農語、邵語、巴則海語、巴玻拉、貓霧捒、道卡斯、洪雅等等，大多數主要的台灣南島語言都可以在南投縣找到，而且多集中在埔里附近。假如今日只有台灣南島語言，或者我們如能證明以台灣地區的南島語言爲最紛歧，南投縣豈不就是起源地了？[8] 但我們知道許多平埔族（如巴則海、巴玻拉）是後來才遷入埔里一帶的。這種情形就像當年各族「流番」遷入蘭陽平原一樣，使「蘭陽平原上，已成爲平埔各族總會合之場所」（阮 1966:29）。

有的地區語言紛歧是因爲移入居民的時代有先後，而且可能來自原住地的不同區域。台灣土著民族學家與考古學家（如張光直、宋文薰兩先生）過去多傾向於這種看法。如果這

---

[8] 臧振華先生指出，台灣中部地區，即南投縣一帶，也是考古方面最複雜最紛歧的地區。至於傳統的看法認為台灣土著民族遷移到台灣來是一波一波地分批而來（請參見下文），是否正確，他認為有重新檢討的必要。

種看法正確的話，那麼南投縣一帶當初是各種土著民族移民的交會點，而不是單一的種族從那裡分化出來的。不過，該地即使不是起源地，確實是最早的居留地無疑。[9] 馬淵東一（1954）指出，台灣島上土著民族大規模的遷移，只是最近二、三百年的事。十七世紀中葉荷蘭文獻的記載，包括全島（除北部與中部山地以外）土著民族人口的調查，似乎可以證實土著民族有關遷移的傳說。從十八世紀中葉開始，泰雅族從現在分布的西南端一波接一波地向北與向東遷移，分裂成約三十部落。大約十八世紀初，布農族從台灣中西部的山區原住地向東與向南遷移，分裂成五個部落。他們都吸收了來自西部平原的外來成分。數百年前，賽夏族與鄒族的分布區域遠比現在廣大，後來因為受了外族勢力擴張的壓力與傳染病的流行，使他們人口急劇遞減，分布面積也就縮小了。今日在南投縣境內的鄒族，卻是由西南方移入的（馬淵 1954.18 (1,2):148）。

語言的紛歧性，不能單取決於詞彙一項，其他如音韻變化與語法結構的差異等等，都應考慮在內。假如 Blust（1977）的分類法能成立，台灣就是最紛歧的地區，那麼按照戴恩的理論，台灣就是古南島民族的起源地無疑了！

對於第三個假設，連戴恩本人也沒有把握。南島語言數

---

[9] 陳仲玉先生提醒我注意這一帶土著民族的歷史與特性，特此誌謝。至於各族群遷入台灣時，為什麼都選中了中南部，即南投縣一帶，他認為這是受了地形的吸引與限制；這一帶有許多河谷附近的台地，最適合農墾，正是他們所要選擇的生態環境。

百種，一個學者不可能都熟悉，有的語言資料又很不完整，因此對於同源字判斷錯誤的機會很多。同一個語言甚至同一方言，由不同人的調查，所收集的字表可能出入就很大。事實上，由於語言資料來源的不同，戴恩（Dyen 1965）就曾經把其中同一語言當做兩種不同的語言，而且同源字百分比還相當低！

此外，他對於台灣是否爲起源地問題，對於兩種共同特徵卻有完全不同的解釋，也難以令人信服。許多台灣南島語言分辨 *t 與 *C，*n 與 *N 等，他歸之於保存古南島語音系統的現象，而台灣以外的語言都合併了。然而，台灣南島語言的三十多個共同詞彙，在他卻只能算是台灣群的特徵，只

戴恩教授（左一）、作者（右二）與卑南族報導人於一九九三年六月在南王合影。

是這一小支系的證明！在我看來，詞彙可以傳播擴散，語音也可以傳播擴散。台灣南島語言有這兩種共同特徵，似乎有可能都是這個區域的特徵（參見李 1978）。這是個大問題，尙有待進一步仔細研究的必要；若現在下論斷，未免言之過早。

大致上說來，戴恩的爲學態度尙稱謹嚴，他的理論也頗有可取之處。就古南島民族起源地這個問題而言，他本人也並未堅持他的立場。他在 1962 年認爲是麥拉尼西亞，後來大概受了其他學者，如葛瑞斯（Grace 1961）力主西部的影響，才改爲西新畿內亞。對於台灣是否可能爲起源地問題，他詳述了正反兩面的證據，最後也沒有做任何武斷的結論，其態度是相當謹愼可取的。

5. 葛瑞斯（George Grace）的學說

達爾（Dahl 1973:123）提到起源地的問題有待語言學與考古學的合作才能解決。最早對這個問題表現了科際合作的是 Chang, Grace and Solheim II（1964）合寫的論文。後來又有 Shutler Jr. and Marck（1975）的一篇合作論文。前者是由三個角度（考古的、陶器的、語言的）來探討史前民族在南中國及太平洋移動的可能路線與方向，並推測發生的年代。後者是試圖把語言的與考古的兩方面的證據聯接起來，由古南島民族所攜帶種植過的植物遺跡，來推測他們在東南亞及太平洋的島嶼的遷移路向。

葛瑞斯（Grace 1961:361）劈頭就說，語言學還沒有確定絕對年代的技術。到目前爲止，以語言的證據來推算年代的，只有詞彙統計年代法（lexicostatistical glottochronology）。只要有幾個絕對年代做爲基準點（reference points），我們再使用傳統的比較方法來決定一些相對的年代，這就可以解決語言分類（Subgrouping）的問題。

葛瑞斯引戴恩（1962:46）的研究，古南島民族的年代是這樣的：「……許多語言與語言群的同源字百分比率低於25%，這一現象可以推測古南島語大概比古印歐語分裂得早。換言之，南島民族比印歐民族擴散得早。一般都認爲古印歐民族在 2500 B.C. 開始擴散，如果我們接受這種說法，那麼古南島民族的遷移應在那個年代之前，或遠比那年代還要早。」以其中一個同源字百分比最低的語言只有 11.1% 計算，它跟其他語言分裂的年代略超過五千年了。

葛瑞斯（1964:363）根據這個統計法，推算出以下的年代：古玻利尼西亞分裂的年代是在大約 90 B.C.；最小的語言群包括玻利尼西亞、Rotuman 及斐濟語的分裂約在 1580 B.C.；最小的語言群包括上列語言以及 Mota 與 Sa'a 語的分裂約在 2500 B.C.。南島語言遍布於麥拉尼西亞區在 1500 B.C. 之前。他說因爲語言的取樣小，他推算的年代可能偏早。

台灣的泰雅語群跟其他語言之間的同源字百分比最高的只有 13.6%，由此推算其分裂的年代在 2640 B.C.。台灣地區有五種語言的百分比低於 25%，因此在 1500 B.C. 之前就已在台灣和麥拉尼西亞大部分的地區了，也可能已在印尼與菲律賓的各地區了。

以上是根據詞彙統計年代法（glottochronology）推算的結

果。其可靠性很值得懷疑。有些學者利用有年代可考的一些個案來測驗，發現所得的結果與事實有很大的出入，詞彙的保存率（rate of retention）頗不穩定，也就是差距相當大。年代愈久遠，差距愈大。尤其未做充分比較研究的語言，要判定何者為同源字以及何者非同源字很沒有把握。因此，年代法在理論上及方法上都有很多缺陷。

葛瑞斯（1961:365-66）指出，根據戴恩的研究顯示：麥拉尼西亞是南島語族最紛歧的地區，因此起源地極可能在此；然而根據葛氏與 Milke 的研究，麥拉尼西亞、玻利尼西亞、麥可羅尼西亞（除去 Palauan 語與 Chamorro 語）可能同屬南島語族的一個支系。葛氏的這個觀點，主要是根據田樸夫（Dempwolff 1934-38）的比較研究，同時也與田氏的立場相符合。東部南島語言有共同的音韻變化及語法結構。因此，起源地應在西部，而不在東部。起源地應在西部的另一個證明是：南島語族跟東南亞的 Thai-Kadai 語言群有親屬關係（根據 Benedict 1942）[10]。在較早的一文，葛氏（Grace 1961:363, 367）認為「古南島語在東南亞之內或其附近」。

---

❿ Benedict（1975:135）的親族樹圖如下：

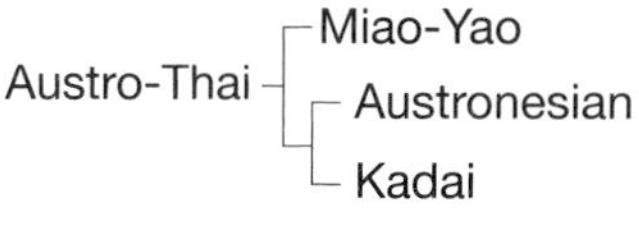

```
             ┌Miao-Yao
Austro-Thai ─┤ ┌ Austronesian
             └─┤
               └ Kadai
```

其中 Kadai 語族包括傣語及其在亞洲大陸的相關語言（洞、水、Lakkia、Laqua、Kelao、Lati）以及海南島的黎語。

葛氏依年代的先後把語言的分化分爲六期。第一期，南島語族與 Kadai 語族的分化。第二期，南島語族分裂成至少兩個支系，其一是東部南島語。這一期有不少的遷移，其中的一個遷移到達麥拉尼西亞。第三期，東部南島語的分化與擴散。第四期，從新赫布里斯群島的 Efate-Epi 區分化爲斐濟語—Rotuman—玻利尼西亞語，可能向東移至麥拉尼西亞區以外。第五期，斐濟語、Rotuman、玻利尼西亞語的分化。麥可羅尼西亞語言的分化也在這一期。第六期，玻利尼西亞的分化與擴散。

此外，葛氏指出，所有麥可羅尼西亞的語言屬於一個支系，跟它們最接近的就是新赫布里斯的語言。斐濟語、玻利尼西亞語、以及多數麥可羅尼西亞語言都從新赫布里斯群島遷移出去。馬達加斯加島的馬拉加西語是從婆羅洲島遷移過去的。

對於葛瑞斯學說的評論：葛氏的論文一方面批評戴恩的詞彙統計法的缺陷，一方面卻又採用這個方法來推算一些年代，的確是一件有趣的事。他的一些主張，後來戴恩採納了，例如，（一）語言最紛歧的地區不在麥拉尼西亞，而在西部，（二）東部南島語言自成一個支系。

葛氏無條件的採納 Benedict 的主張：南島語與傣語、Kadai 語系的親屬關係。但我們認爲這還是語言學界所爭論不休的一件大公案，目前還沒成爲定論。

葛氏的論文發表於 1961 年。這十多年來，又有許多新材料出來，因此他的有些看法至少需要做局部的修正。

6. 施得樂（Shutler）與馬爾克（Marck）的學說

施得樂（Shutler）與馬爾克（Marck）於 1975 年發表的論文，在南島語族的親屬關係上採取了卞尼德（Paul Benedict）的學說：（一）肯定南島語族與 Kadai 語群（包括海南島的黎語、大陸上的 Kelao 等等語言）與傣語群的親屬關係，（二）以上三個語群的共同起源地在中國南部這個觀點「似無辯駁的餘地」（引卞尼德語）。此外，根據瓊斯（Jones 1966:163）的評論指出：傣語群的分布以在雲南省爲最紛歧。換言之，雲南可能就是傣族的起源地。

卞尼德認爲 Kadai 語群跟南島語較接近，而跟傣語群較疏遠。然而，戴恩（Dyen 1971:17-18）卻認爲 Kadai 語群跟傣語群較接近，而兩者都跟南島語較疏遠，而且南島語與傣語的親屬關係仍有許多問題，未能確定。達爾（1973:116）也認爲需要更多的材料與嚴謹的規律來確立南島語與 Kadai 語與傣語的親屬關係。後來卞尼德（Benedict 1975）出版的專書列舉了更多的材料，但似乎並沒有更嚴謹的規律。而且他把有親屬關係的語言範圍更擴大了，他構擬的這個大語族不僅包括傣語、Kadai 語、南島語，而且包括苗傜語。在美國附和卞氏學說的還不少，Joseph Greenberg 就是其中的一位。

根據 Gorman（1971）的考古報告，在泰國北部「仙人洞」（Spirit Cave）的考古發掘，發現那一帶史前就有園藝（horticulture）的遺跡。從 10,000 B.C. 到 6,000 B.C. 的文化層中，發現杏仁、豆、豌豆、黃瓜、菱（或荸薺）、辣椒、細頸葫蘆、油桐子等遺物。這是東南亞洲貨平文化的最早證據(Shutler and Marck 1975:93)。

根據張光直先生(Chang 1969)的台灣考古報告，從台灣中部日月潭的孢粉分析顯示，那一帶從9,000 B.C.起就有大量的燒山林開墾的痕跡，一直到2,200 B.C.止，這一期有大量種植稻米的遺跡。張氏把台灣史前的這些活動，跟中國大陸南部及東南亞的貨平文化中的繩紋陶文化連起來(Shutler and Marck 1975:94)。

東南亞島嶼的陶器傳統大多與稻米的傳播有關。菲律賓、新幾內亞、Celebes、印尼東南部等地，都在2,500 B.C.就有園藝的證據，都可證明南島民族在那一年之前就已到達那個區域了(Shutler and Marck 1975:94-95)。

東部南島民族，即太平洋地區的遷移年代都晚於西部南島民族。他們在東部各島群的遷移年代，大概可以跟Lapita陶器連起來(Shutler and Marck 1975:95-96)。

根據語言與考古的材料以及對於這些材料的解釋，再加上戴恩的語言分布與遷移學說，施氏與馬氏(Shutler and Marck 1975:97-98)得到以下的結論：傣、Kadai、南島的共同母語的起源地，在亞洲南部，即華南與中南半島北部一帶，大約10,000 B.C.。這三個語群的共同母語社會(proto community)，可以跟貨平與繩紋陶文化連起來。9,000 B.C.之後從母語分裂的一支，即古南島民族，可能就已遷移到台灣來。古南島民族的起源地有三種可能：(一)台灣，(二)南洋群島，(三)其他地方(例如華南)。他們認爲，以台灣爲南島民族的起源地爲較好，理由有二：（一）台灣燒山林開墾的時代最早，而且有繩紋陶文化的傳統，（二）離大陸傣與 Kadai 語區最近。如果起源地不在台灣，那就難以解釋爲什麼這裡很早就有園藝。總而言之，根據考古的證據、南島語最紛歧的地區，以及地理上最接近相關（有親屬關係）的語言區，這三者都顯示台灣爲古南島民族起源地的最佳選擇。這雖不是絕對的，卻是最佳的推論。安索（Anceaux 1965:426）也曾做過類似的推論：能證實南島語與 Kadai 語的親屬關係，就「更可能使台灣成爲古南島民族的起源地」。

施氏與馬氏推斷古南島民族從台灣南下遷移，約於 5,500-7,000 B.C. 移至菲律賓群島，約於 4,500 B.C. 之前再南下到 Celebes 以東的群島，再於 4,000 B.C. 向東至新幾內亞、新愛爾蘭、新不列顛、俾斯麥群島等。從菲律賓有一支向西遷移至婆羅洲、蘇門答臘等島嶼，是在 4,000 B.C. 以後。從新愛爾蘭、新不列顛群島地區向東南至 Loyalties 群島、新卡利多尼亞約 2,500 B.C.，經所羅門群島至新赫布里斯群島約 2,000 B.C.。從新赫布里斯群島向右至斐濟群島約 1,300 B.C.，北上到麥可羅尼西亞約 1,000 B.C.。

對於施得樂與馬爾克學說的評論：施氏與馬氏對於整個南島民族的遷移歷史，所走的路線與年代都有詳細的推論。他們所提供的材料也遠比葛瑞斯的詳盡，年代比起葛氏所推論的要早很多（請參見上文第五小節）。葛氏大致都只根據語言學的證據做推論，年代靠詞彙統計法推算而得，而施氏與馬氏卻結合了考古學與語言學的證據，而且論文晚出十一年，材料上當然比葛氏著文時要豐富得多。

在方法上施氏與馬氏的論文卻有很大的缺陷，特別是把考古學與語言學的證據連接起來做得不夠謹慎。例如，他們怎麼知道在泰國北部仙人洞所發掘的園藝遺物（10,000 至 6,000 B.C.），就是屬於傣、Kadai、南島民族的共同祖先的遺跡？就考古學本身的證據而言，他們似乎沒有任何體質上的證明（例如頭骨）。同樣的，他們怎麼確定日月潭 9,000 B.C. 時代燒山林開墾的遺跡，就是現代台灣土著或整個南島民族的祖先？這些都是毫無把握的事。誠然他們可以說：除了南島民族而外，還會有什麼其他民族呢？但這並不是很嚴密的邏輯推論方式。難怪他們所推算的南島民族遷移歷史的年代都很早。古南島語眞是在一萬一千年前（或稍後）從台灣開始分化的嗎？如果其他考古學的證據沒錯的話，那時台灣還沒成爲一個島呢？（請參見上文第三小節）。

在語言學上，施氏與馬氏所採取的卞尼德學說：南島、傣、Kadai 的親屬關係，絕非已成定論。一旦卞氏的學說發生動搖，他們所重建的南島民族的歷史也就站不住腳了。

三、結論

從語言學的證據而言，柯恩（Kern 1889）所提出的主張，最具說服力，漏洞最少。他運用語言古生物學的方法以及其他一些線索，推論古南島民族（約五千年前）的居住地以在中南半島沿海一帶的可能性爲最大。他的主要證據是古南島語有許多熱帶植物名，以及屬於亞洲地區的動物名、海生動物名、以及與航海有關的工具（如船、船槳、帆）等。此外，南島語言普遍有「向海」與「內陸」的相對用語，可證原居地不像是在小海島上，而是在大陸（或大島）沿海一帶。更進一步的證明是：中南半島的語言，如泰、高棉、越南，都含有不少借自南島語的詞彙（只可惜他沒有列舉那些借字來），可見當年他們必定有密切的接觸。那麼古南島民族的起源地非中南半島沿海一帶而何地？

戴恩（Dyen）的學說建立在語言的分布上：語言最紛歧的地區便是起源地的最佳選擇。他觀察了數百種南島語言的親疏關係，純粹依賴同源字的鑑定與同源字百分比的計算。他在 1962 年認爲最紛歧的地區是麥拉尼西亞，到了 1965 及 1971 年，他說有三個區：（一）麥拉尼西亞—新畿內亞，（二）蘇門答臘及其西邊島嶼，（三）台灣。他以（二）、（三）兩區的語言總數並不多爲主要理由，排除了這兩區，再以東部南島語言同屬於一個支系，排除了麥拉尼西亞及東新畿內亞，因此他最後選定了西新畿內亞。在理論與方法上，我們提出以下的疑問：（一）語言最紛歧的地區一定是起源地嗎？（二）同源字統計的斷代法是否絕對（或相當）可靠？（三）對於數百種南島語言的資料，他是否掌握得很好？不幸地，答案都非很肯定。

葛瑞斯（Grace）認爲語言最紛歧的地區在西部，而不在東部。這種看法可由傳統的比較研究得到證明，如田樸夫（Dempwolff）的比較研究結果。此外，葛氏也認爲南島語跟傣語、Kadai 語群的關係，也可證明南島語族的起源地應在西部，但他並沒有詳指何地。葛氏的論文主要在討論東部南島語言的遷移路線方向與年代；對於西部因爲當時缺乏資料，他討論的並不多。對於起源地的問題，他只是約略討論一下，順筆帶過而已。但在葛氏較早的一文中，他卻認爲古南島民族的起源地大概在東南亞或其附近。

施得樂（Shutler）與馬爾克（Marck）所提出的語言學與考古學的材料，遠比葛氏的豐富得多，對於整個南島民族的遷移歷史、移民路線、到達各地島嶼的年代，都有很詳盡的交代。在語言的親屬關係方面，他們採取了卞尼德（Benedict）的學說：認定南島語與傣語、Kadai 語同出一源。同時他們又採取了戴恩（Dyen）的語言分布與民族遷移學說，認爲台灣地區是南島語言最紛歧的地區，因此台灣是南島民族的最佳起源地。至於南島、傣、Kadai 的共同母語的起源地，則在華南與中南半島北部一帶。可惜施氏與馬氏把語言學與考古學的證據串連起來，顯得相當牽強，時有穿鑿附會之嫌。他們所採用的卞氏與戴氏的學說都非定論，因此他們對於南島民族歷史的推論，其根基並不穩固。在理論與方法上他們都不夠謹嚴。

就語言的證據而言，凌純聲先生的假說：「台灣土著民族在古代……於中國大陸之南……北達長江，甚至踰江而北，遠至淮河泰嶺以南」，找不到語言學證據的支持。許多學者（如 Paul Benedict）已指出，南島語言跟傣語及 Kadai 語（包括黎語）有極密切的關係。這種關係若不是親屬的，就是移借的。[11] 如前文所引，柯恩指出，許多南島語詞彙移借到中南半島的無親屬關係的語言，如柬埔寨語、越南語、泰語等。但我們看不出來漢語與南島語有互相影響的痕跡或移借的現象。假如南島民族早先住在長江，甚至淮河泰嶺以南，怎麼可能在語言上不留下一鱗半爪？[12]

從語言的關係看，古代漢民族、傣民族、南島民族的地理分布，應該是漢民族在北，傣民族居中，南島民族在南。換言之，漢語與傣語有密切的接觸，傣語與南島語也有密切的接觸，但漢語與南島語卻沒有直接接觸的語言證據。

對於南島民族的史前史，我們只能根據所能收集到的一切線索加以合理的推測。就我們目前所擁有的知識而言，我們只能下這樣的結論：南島民族的起源地，以中南半島沿海一帶的可能性為最大，其他地方如中國大陸、台灣、新幾內亞、麥拉尼西亞、蘇門答臘、麥可羅尼西亞的可能性都相對的降低。各種證據都指向中南半島與中國南疆這一區域，多數權威學者也做這種主張。

——原載《大陸雜誌》第五十九卷第一期，1979年

---

[11] Benedict（1942:576-77, 1975）認為它們的關係是親屬的。傣語跟漢語的關係似乎更密切、更接近，極可能有親屬關係；請參見 F. K. Li（1976）。

[12] 閩南語第一人稱複數分「我們」與「咱們」，這種現象倒是跟南島語言一樣。我們知道漢語方言中，有這種區分的只有北方官話與閩南語。這兩種漢語方言有這種人稱上的區別，其來源有待進一步的研究。此外，藏語 bras「米」與古南島語 *bəRas「米」可能是早期移借的一例。

引用文獻

謝阿才、楊再義

1969 《台灣植物名彙》。國立台灣大學農學院。

賴明洲

1975 《台灣植物總覽》。台灣中華書局。

李壬癸

1978 語言的區域特徵，《屈萬里先生七秩榮慶論文集》，頁475-89。台北：聯經出版事業公司。

凌純聲

1950 東南亞古文化研究發凡，《台灣新生報》副刊，民國39年3月22日。（又見於《民族學研究》專刊第3期。又見於《主義與國策》第44期，頁1-3，1955）

1952 古代閩越人與台灣土著族，《學術季刊》，1(2):36-52。

馬淵東一

1954 高砂族の移動および分布，《民族學研究》18(1, 2):123-154, 18(4):23-72。

小川尚義、淺井惠倫

1935 《原語による台灣高砂族傳說集》。台北帝國大學言語學研究室。

衛惠林、王人英

1966 《台灣土著各族近年人口增加與聚落移動調查報告》。國立台灣大學考古人類學專刊，第三種。

阮昌銳

1966 蘭陽平原上的噶瑪蘭族，《台灣文獻》，第17卷，第1期，頁22-43。

Anceau, J. C.

1965 Linguistic theories about the Austronesian homeland. *Bijdragen tot de Taal-, Land- en Volkenkunde* 121(4).417-32.

Benedict, Paul

1942 Thai, Kadai, and Indonesian: a new alignment in Southeastern Asia. *American Anthropologist* 44:576-601.

1975 *Austro-Thai Language and Culture: with a Glossary of Roots*. HRAF Press.

Blust, Robert

1970 Proto-Austronesian addenda. *Oceanic Linguistics* 9(2):104-62.

1977 The Proto-Austronesian pronouns and Austronesian subgrouping: A preliminary report. *Working Papers in Linguistics (WPL)* 1(2):1-15, University of Hawaii.

Capell, Arthur

1962 Oceanic linguistics today. *Current Anthropology* 3(4).371-428.

Chang, Kwang-chih

1969 *Fengpitou, Tapenkeng, and the Prehistory of Taiwan*. Yale University Publications in Anthropology, No.73. New Haven: Department of Anthropology, Yale University.

Chang, Kwang-chih, George W. Grace, and Wilhelm G. Solheim II

1964 Movement of the Malayo-Polynesians: 1500B.C. to A.D.500. *Current Anthropology* 5:359-406.

Dahl, Otto Chr.

1973 *Proto-Austronesian*. Scandinavian Institute of Asian Studies, Monograph Series No.15. Sweden.

Dempwolff, Otto

1934-38 *Vergleichende Lautlehre des austronesischen Wortschatzes*. Berlin. Kraus Reprint, Nendeln, Liechtenstein.

Dyen, Isidore

1956 Language distribution and migration theory. *Language* 32(4). 611-26.

1962 The lexicostatistical classification of the Malayo-Polynesian languages. *Language* 38:38-46.

1964 The position of the Malayo-Polynesian Languages of Formosa. *Asian Perspectives* 7:261-71.

1965 *A lexicostatistical classification of the Austronesian languages.* IUPAL Memoir 19, supplement to *IJAL.*

1971 The Austronesian languages and Proto-Austronesian. In *Current Trends in Linguistics* 8:5-54.

Fox, C. E.

1947 Phonetic laws in Melanesian languages. *Journal of Polynesian Society* 56:58-118.

Grace, George

1961 Austronesian linguistics and culture history. *American Anthropologist* 63:359-68.

Jones, Robert B.

1966 Comparative Thai studies: a critique. In Shin, B.A. Boisselier, J and Griswold, A.B. (eds.), *Essays offered to G. H. Luce by His Colleagues and Friends in Honour of His 75th Birthday.* Ascona, Switzerland: Artibus Asiae.

Kern, H. A.

1889 Taalkundige gegevens ter bepaling van het stamland der Maleisch-Polynesische volken. *Verslagen en Mededeelingen der kon. ak. van wetenschappen,* afdeeling Letterkunde. 3de reeks, dl. 6:270-87 (reprinted in Verspreide geschriften 6:104-20, 's-Gravenhage, 1917.)〔Linguistic evidence for the determination of the original homeland of the Malayo-Polynesian peoples〕, translated by Curtis D. McFarland and Shigeru Tsuchida. *Oceanic Studies* 1:60-81, 1976.

Krahe, Hans.

1954 *Sprache und Vorzeit. Europaische Vorgeschichte nach dem Zeugnis der Sprache.* Heidelberg.

Kroeber

1955 Linguistic time depth results so far. *IJAL* 21:103.

Li, Fang Kuei

1976 Sino-Tai. *Computational Analyses of Asian & African Languages*, ed. By Mantaro J. Hashimoto 3:39-48.

Pawley, Andrew

1972 On the internal relationships of Eastern Oceanic languages. In Green, R.C. and Kelly, M. (eds.), *Studies in Oceanic Culture History, Pacific Anthropological records No.13*. Honolulu: Department of Anthropology, Berence P. Biship Museum.

Sapir, Edward

1916 Time perspective in aboriginal American culture. Geological Survey, Memoir 90, Anthropological Series No.13. Department of Mines, Canada. (Reprinted in *Selected Writings of Edward Sapir in Language, Culture and Personality*, ed. David G. Mandelbaum, 389-462, Berkeley and Los Angeles, 1949.)

Scherer, A.

1968 *Die Urheimat der Indogermanen*. Wege der Forschung Bd. CLXVI. Darmstadt.

Shutler, Richard Jr. and Jeffrey C. Marck

1975 On the dispersal of the Austronesian horticulturalists. *Archaeology & Physical Anthropology in Oceania* 10(2).81-113.

Tsuchida, Shigeru

1976 Reconstruction of Proto-Tsouic phonology. Tokyo: Study of Languages & Cultures of Asia & Africa, Monography Series No.5, Tokyo University of Foreign Studies.

Wurm, S. A. & B. Wilson

1975 *English finderlist of reconstructions in Austronesian languages (Post-Brandstetter)*. Pacific Linguistics C-33. The Australian National University.

台灣南島民族的遷移歷史

從語言資料及現象所做的探討

一、前言

南島民族包括高山族和平埔族。高山族基本上都是住在山上，也有住在平地上，如阿美族。平埔族都住在平原上，今天的平埔族很多都已漢化，認不出來，甚至連他們自己都不知道自己是南島民族。但是也有一些還未完全漢化。

本文要討論兩方面的問題：一是南島民族在台灣島上的遷移狀況。這部分比較有把握，因為我們有各種不同的證據，包括語言學和文獻方面的資料。另一個問題是南島民族什麼時候、從什麼地方到台灣？如何到台灣？這個問題比較複雜，也有許多不同的學說。

台灣南島民族過去的歷史絕大部分都沒有文字記錄，直到三百多年前才開始有一些文字的記錄，尤其在荷蘭時代（1624-1662）對台灣部分平埔族才有較詳細和可靠的記載。因此凡是超過四百年的歷史，大都可說是史前史。

對於沒有文字記錄的歷史，我們可以經由各種學科的知識和方法，包括語言學、考古學、人類學、生物學等等，根據各種材料和線索來重建一個民族的歷史，也就是它的史前文化（參見李 1991a）。利用科際整合的知識，我們可以推測南島民族的起源地、遷移路線和年代。所得的結果都只是假設（hypotheses）或學說（theory），一旦有新的材料和證據時，可能就須要修正原先的假設，以便做更合理的解釋。假設不是憑空作臆測（conjecture），因爲經假設求證所得的結論——學說——都要講究科學的方法。人文科學和自然科學一樣都注重科學的精神和方法。

語言學的方法可以推斷相對的年代（relative chronology），但絕對的年代至今仍然沒有很可靠的辦法，這就有必要借助於考古學家所使用的碳十四斷年代的方法了。考古學的方法，可以根據地層的深淺以及出土的器物來判斷各文化層的時代先後及其所顯示的文化現象，但難以認定屬於哪一種族群，這就需要語言學的鑑別方法了。對於族群的分類，語言有較客觀的標準和方法。

二、南島民族的分布區域和分類

南島民族地理上分布範圍非常之廣，比講漢語、講英語的人分布範圍還廣。除台灣外，菲律賓、婆羅洲、印尼、馬來西亞、中南半島以及太平洋、印度洋整個區域，東起南美洲西岸的復活島，西到非洲東岸的馬達加斯加島，北到台灣，南到紐西蘭爲止的廣大區域，都是屬於南島民族居住的地方。但澳洲不是，新畿內亞部分地區和南太平洋有些島嶼上含有非南島民族的語言。

南島民族分布範圍這麼廣，當初他們的起源地，也就是分化以前原來所居住的地方在哪裡？這是一個很複雜的問題。學說很多，在中國最常聽到的說法是他們都是從中國大陸來的；另一種說法是來自中太平洋麥可羅尼西亞地區；又有一種說法是從西新畿內亞這個區域來；還有一種說法是從中南半島這個地方移過來（以上參見李 1979）。最近幾年比較盛行的說法是從台灣開始。這就是說，南島民族在開始分化以前，居住在台灣這個區域。

南島民族分布的區域都在島嶼和半島，這是一個很有特色的民族，擅長航海，而且技術在幾千年前就很發達，才有可能擴散到這麼大的區域。整個南島民族在語言上的分類，基本上分爲兩部分。從台灣、菲律賓、婆羅洲、大巽他群島這樣下來，以西的我們叫西部南島民族；以東的大洋洲區域，叫東部南島民族，也叫大洋洲語系。不過也有例外，因爲族群會遷移，如馬利安群島的帛琉島上的 Palawan 語言，塞班島和關島的 Chamorro 語言；這兩個語言是屬於西部的，和菲律賓語言較接近。東區大洋洲基本上可分爲三個語區：南區的麥拉尼西亞，中區的麥可羅尼西亞，以及東區的玻利尼西亞。

英國有個博物學家叫 A. R. Wallace，在十九世紀末年，到遠東地區調查，發現有些島嶼的動植物與亞洲相似，包括婆羅洲、大巽他群島的蘇門答臘和爪哇島這些區域。因此後

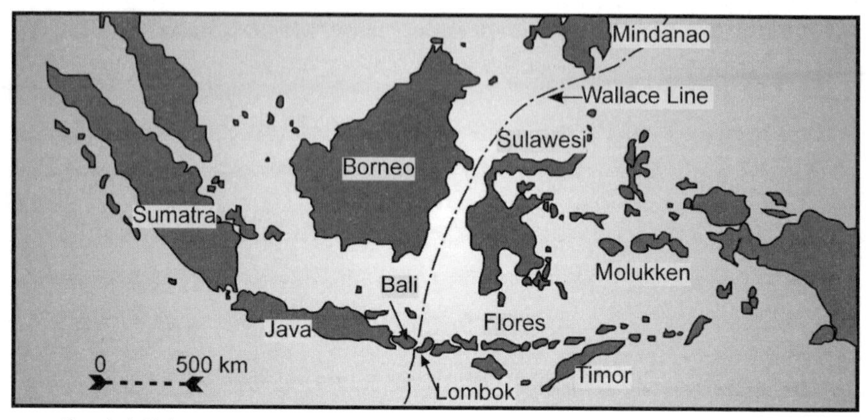

華理士分界線

來的人就把這一條線叫做「華理士分界線」，這條線以西，有些大型的哺乳類動物，如熊、猴、鹿、牛、羊、豬、豹子等；這條線以東，與澳洲相同，有袋鼠類等等。植物也有類似的情況，如稻米，也只有華理士線以西才有，以東即使有也是比較晚期，由人類把它帶過去。這條線同時也幾乎是隔開語言分支的界線。

三、台灣島上南島民族的內部遷移

一般講九族指高山族而言，並不包括平埔族。平埔族一般來說有十族，看怎麼分類（參見李 1992）。高山族在台灣山地由北向南依次是泰雅，分布範圍很廣，賽夏偏促在一隅，然後是布農、鄒、魯凱、排灣。東部沿海的縱谷平原上是阿美、卑南。雅美住在蘭嶼。平埔族在北部平原有 Ketagalan、Kavalan； 西 部 有 Taokas、Pazeh、Papora、Babuza、Hoanya；南部是 Siraya。日月潭的邵族不在高山族九族之內，也不算是平埔族，是屬於所謂的「化番」。台灣南島民族的分布現況最近一百年沒有大移動。原來高山族的分布範圍並非如此的廣，大都集中在中南部南投縣境內這個地方。大約二、三百年前，有些族開始移動。民族的遷移並不是全體遺棄老家，而是擴散開來的。排灣族的擴散應是最早的，早在三百多年前就有部分的移動，原先是住在今天分布範圍的西北角。以泰雅族而言，原先只在現在分布區域西南一角〔南投縣仁愛鄉發祥村（瑞岩）〕，而後向東、向北擴散；賽夏族原來的分布區域並不是這麼小，而是因爲某些原因人口減少。鄒族範圍也縮小了，乃是因爲瘟疫、漢人或布農族、平埔族的壓迫等等原因。布農族原先只在現在分布的西北角（信義鄉一帶），約三百年前才向南、向東擴散（參見馬淵 1954）。

以上這一段的歷史，有荷蘭文獻的記載、語言文化分布狀況及口傳——日語叫「口碑」等各種證據。各族有其傳說故事，有些故事與民族遷移有關，與文獻資料、語言分布狀況相符合，可以做爲判斷原先的起源地及如何遷移的依據。判斷方式是，如果有個很大區域，方言差別很小，那就是新近移民擴散的地方。在一個區域裡面，如果我們發現語言差別很大，就最有可能爲起源地。語言和人一樣，是人用的東西，如果它的紛歧非常高，在某一個地點集中，這個地點是起源地的可能性非常大。生物現象也是如此。

關於平埔族，Taokas、Papora、Babuza、Hoanya 這四個

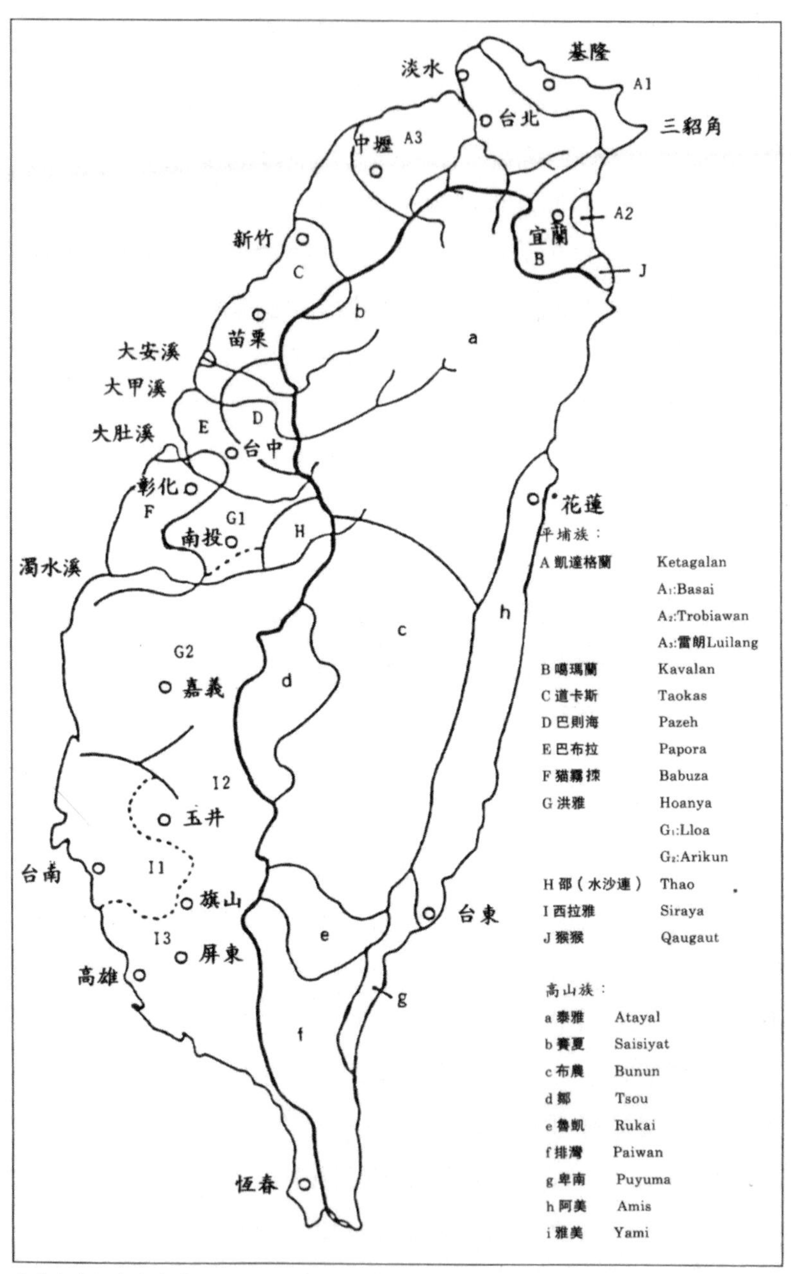
基隆
淡水
A1
台北
三貂角
中壢
A3
A2
新竹
宜蘭
B
J
C
b
苗栗
a
大安溪
大甲溪
D
大肚溪
E
台中
彰化
花蓮
F
G1
南投
H
濁水溪
h
c
G2
嘉義
d
I2
玉井
台南
I1
旗山
台東
I3
e
屏東
高雄
g
f
恆春
平埔族：
A 凱達格蘭 Ketagalan
A_1:Basai
A_2:Trobiawan
A_3:雷朗Luilang
B 噶瑪蘭 Kavalan
C 道卡斯 Taokas
D 巴則海 Pazeh
E 巴布拉 Papora
F 猫霧捒 Babuza
G 洪雅 Hoanya
G_1:Lloa
G_2:Arikun
H 邵（水沙連） Thao
I 西拉雅 Siraya
J 猴猴 Qaugaut
高山族：
a 泰雅 Atayal
b 賽夏 Saisiyat
c 布農 Bunun
d 鄒 Tsou
e 魯凱 Rukai
f 排灣 Paiwan
g 卑南 Puyuma
h 阿美 Amis
i 雅美 Yami

台灣南島語言分布圖

族群都集中分布在西部平原上。從語言上看，這四個族群相當接近。他們的起源地，從地理上看，應該是在比較靠近內陸交會點的地方。剛才也說到，高山族原來大都集中在中南部山地，特別是今天的南投縣一帶，他們大舉擴散和遷移是最近兩、三百年的事。平埔族的情形我們比較不清楚，但可以推斷，他們初來台灣時有不少也是定居在中南部；北部、南部應該也有，但不如中部多。

北部的凱達格蘭（Ketangalan）族，分成幾個亞族，在北部的叫做 Basay；有一部分遷移到蘭陽平原的，叫作哆囉美遠（Trobiawan），分布在宜蘭壯圍，舊稱社頭一帶，還有一個地方叫里腦；在台北西南的是雷朗（Luilang）；二者爲 Ketangalan 之亞族。凱達格蘭族原先可能在今台北貢寮地方（三貂舊社）登陸。後來有一支向西南遷移，一直到桃園台地都有。然後，從北海岸的 Basay 群有一支向蘭陽平原移動。

四、南島民族的起源地及其擴散

南島民族的起源地有好幾種說法。1889 年有一個荷蘭學者叫柯恩（Hendrik Kern），發表了一篇很重要的文章，他研究南島民族的起源，搜集了很多種語言的資料，最後他把這些資料綜合整理，擬測了三十來個同源詞，這些同源詞遍布在所有南島民族間，包括動植物名稱，稻子、米、飯等幾個同源詞，也包括椰子、香蕉、竹子（四種竹）、籐、林投、薯蕷、芋頭、魚藤，可以推到上古。動物包括猴子、豬、鹿等哺乳類動物，是華理士線以西才有的，也包括一些海上生物，如蝦、鯊魚、鱷魚、海龜、章魚，也包括船。好些植物屬熱帶才有，如椰子、林投、姑婆芋等。以上可以證明南島民族起源地應在西部，不會在東部，而且住在靠海的區域，並且住在熱帶區域。熱帶區域很廣，他又發現南島民族這些語言很多與東南亞語言的關係非常密切，有很多借字，和高棉、越南一帶的語言有很多很密切的關係，因此他就判斷南島民族起源地是在中南半島一帶。這一個學說很有說服力，最近幾年才有修正的看法出現。有位法國學者 André Haudricourt 看了一些新的語言證據之後，認爲應向北推一點，在溫帶區域或亞熱帶，在中國的南疆，介於海南島和台灣之間。

南島民族擴散圖的作者Peter Bellwood

最近幾年來盛行的學說，提倡的二位學者，一位是語言學家，一位是考古學家。語言學家叫 Robert Blust，他在 1985 年發表的一篇文章，叫作〈南島民族的祖居地：語言學的觀點〉（"The Austronesian homeland: A Linguistic perspective"），認爲南島民族的起源地應該是在台灣，由台灣開始擴散

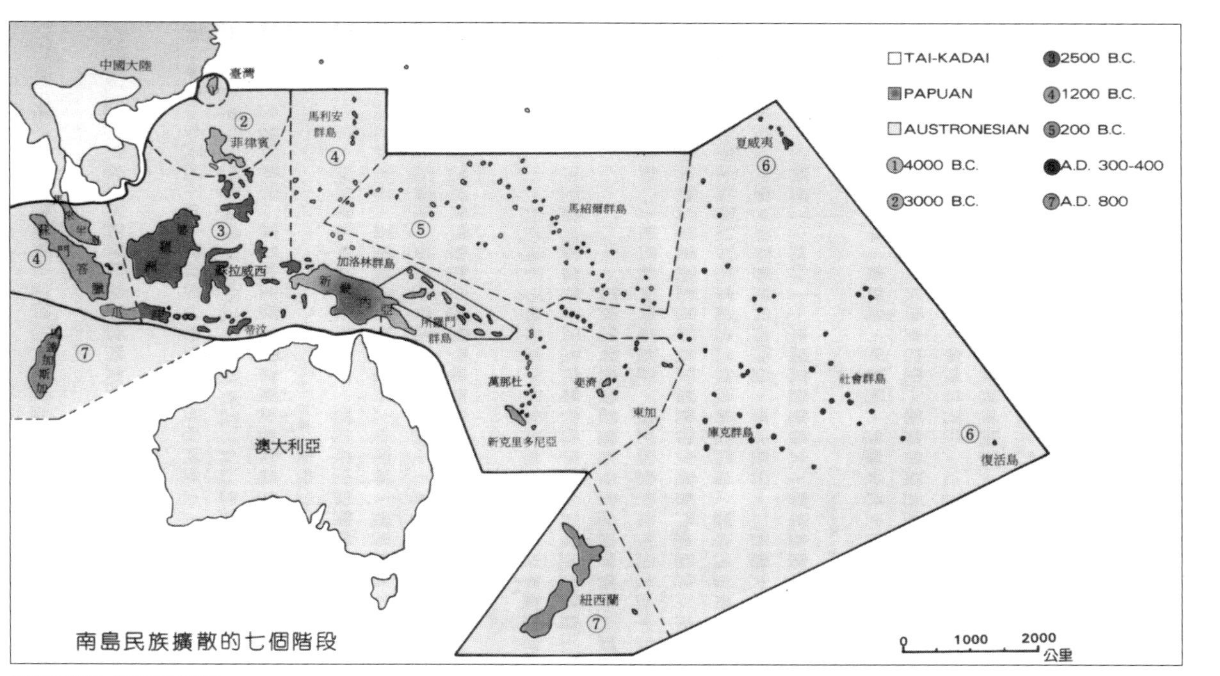

南島民族七階段擴散圖

南島民族的起源地是在亞洲東南部的農業中心地帶，與南島民族可能有親屬關係的侗傣語族也是在此發源。南島民族分七個階段擴散：一、西元前四千年從亞洲東南部遷到台灣：二、西元前三千年從台灣開始擴散到菲律賓北半部：三、西元前二千五百年前到婆羅洲、蘇拉威西、爪哇、帝汶；四、西元前一千兩百年前到馬利安群島、蘇門答臘、新畿內亞、斐濟、東加；五、西元前兩百年到麥克羅尼西亞東部、玻利尼西亞中區；六、西元三百至四百年到夏威夷、復活島；七、西元七百至八百年到馬達加斯加、紐西蘭。（資料來源：Peter Bellwood, *Scientific American* 265.1:88-93 (July 1991)）

語言學小百科

語族

世界上現存的語言大約有五、六千種。凡是有親屬關係的語言，就屬於同一「語族」(language family)，或稱語系。例如，漢語和藏語、緬甸語同出一源，合稱漢藏語族；英語、德語、法語、西班牙語、希臘語、俄語、波斯語、印度北部的Hindi語都屬於印歐語族；芬蘭語和匈牙利語屬於芬匈語族；滿語、蒙古語、突厥語屬於阿爾泰語族；台灣和南洋群島的語言，大都屬於南島語族；越南語、高棉語、印度東部的Munda語皆屬於南亞語族。有少數的語言，如在法國和西班牙邊境上的巴斯語(Basques)，似乎沒有別的語言和它們有親屬關係。世界上的語言分屬幾十種不同的語族。

的。這個學說現在越來越多人相信。考古學家叫Peter Bellwood，在1991年的7月，在*Scientific American*雜誌發表了一篇文章，完全採用這個看法。他推論南島民族分七個階段擴散開來，最初從台灣開始，距今約五千年。

南島民族的擴散如上圖所示，是由台灣向南、向東、向西擴散。年代最晚的是馬達加斯加島（約在西元700年）和紐西蘭（約在西元800年）。根據挪威學者Otto Dahl（1991）這本書的推論，馬達加斯加的南島民族是由婆羅洲移過去的。南島民族大約在五、六千年前才開始擴散，擴散的時間不是很長，共約只花了一千多年，就已擴充到像今天這麼廣大的區域了。

五、台灣南島民族和其他地區的關係

南島民族的擴散由台灣開始。她更早的起源地，有的學者認爲和中南半島、泰國及中國境內雲南、貴州、廣西一帶的侗傣語系民族有關。侗傣語系包括侗家（Kam）、水家（Sui）與卡代（Kadai），其關係較密切的是 Kadai 系的四個族群。南島民族何時與侗傣語族分開？大約距今 6500 年前由亞洲大陸遷到台灣。雅美族，這個民族的語言與菲律賓巴丹群島語言非常接近，彼此之間仍可溝通，可見分化的年代相當晚近，大約只在數百年前。

南島民族分成東、西兩大群，語言上特徵差異很大。台灣地區的很多地方與東區差別很遠，與西區有些類似的地方，也有一些不一樣，台灣基本上獨立成北區，保有許多古老之特徵。

爲什麼不談有文字的歷史而來談假設呢？就如曹永和教授所說的，有文字的歷史是確定的，沒有文字的歷史只能提出假設。我今天前半段所談的是有文獻依據的，後半段所談的純是假設。希望各位能提出更好的假設、更解釋得通的假設給我做參考。

——原載《台灣史與台灣史料》，1993年

參考資料

李壬癸

1975 台灣土著語言的研究資料與問題，《中研院民族所集刊》第四十期，頁51-83。

1979 從語言的證據推論台灣土著民族的來源，《大陸雜誌》59(1):1-14。

1991a 從歷史語言學家構擬的同源詞看南島民族的史前文化，《大陸雜誌》82(6):12-22。

1991b 台灣南島語言的舟船同源詞，《第二屆中國境內語言暨語言學國際研討會論文集》，中研院史語所（80年8月9-11日）。

1991c 台灣北部平埔族的分類及其語言根據，《台灣風物》41(4):197-214。

1992 台灣平埔族的種類及其相互關係，《台灣風物》42(1):211-238。

1993 台灣南島語言的分布和民族的遷移，《第一屆台灣語言國際研討會論文集》。

馬淵東一

1954 高砂族の移動および分布，《民族學研究》18(1,2):123-154, 18(4):23-72。

淺井惠倫

[1936] 平埔蕃。未發表稿件。

張光直

1987 中國東南海岸考古與南島語族起源問題，《南方民族考古》1:1-14。成都。

土田滋（Tsuchida, Shigeru）

1983 Austronesian languages in Taiwan (Formosa). In S. A. Wurm and Shiro Hattori, eds. *Language Atlas of the Pacific Area*. Canberra.

Bellwood, Peter

1991 The Austronesian dispersal and the origin of languages. *Scientific American* 265.1:88-93.

Blust, Robert

1982 The linguistic value of the Wallace Line. *BTLV* 138:231-250.

1985 The Austronesian homeland: A linguistic perspective. *Asian Perspective* 26.1:45-67.

Dahl, Otto Chr.

1991 *Migration from Kalimantan to Madagascar,* Oslo: Norwegian University Press.

Haudricourt, André G.

1954 Les origines asiatiques des langues malayo-polynesiennes. *JSO* 10:180-183.

Kern, Hendrik

1889 Taalkundige gegevens ter bepaling van het stamland der Maleisch-Polynesische volken. Verslagen en Mededeelingen der Koninklijke Akademie van Wetenschappen, afdeeling Letterkunde. 3de reeks 6:270-287. (Reprinted in Verspreide Geschriften 6:105-120. The Hague, 1917.)

Li, Paul, J. K.

1983 Types of lexical derivation of men's speech in Mayrinax. *BIHP* 53.2:1-18.

台灣南島語言的分布和民族的遷移[1]

一、前言

若干年前美國黑人掀起尋根（root）的熱潮。大家都知道他們的根源是在非洲。但非洲幅員遼闊，種族複雜，如何找尋個別黑人的根源，卻是很棘手的問題。

台灣的居民有漢人和南島民族兩大類。漢人的根源在中國大陸，多數來自華南。至於南島民族的根源呢？

有些語言學的現象確實可以提供重要的線索解決若干學術問題，而這些問題往往不是單靠其他任何一種學科（如歷史學、考古學、人類學）所能解決的。台灣南島語言現象乃多采多姿，呈現許多有趣的現象。這些現象都非一般漢語所有。台灣除了使用漢語（台語、客語、國語）外，南島民族所使用的都

---

[1] 本文初稿曾以「追尋民族語言的根源」為題，於 1992 年 5 月 10 日向師大英語系做過一次公開演講，後來改寫稿才改以「台灣南島語言的分布和民族的遷移」為題，於 1993 年 3 月 28 日在「第一屆台灣語言國際研討會」做專題演講。

是南島語言。

台灣的南島民族大約有二十種不同的族群（ethnic groups）。我們先談談其中幾個族群個別的起源地在本島何處，及其語言根據是什麼？再進一步探討這些族群的更早的起源地可能在哪裡。

二、學理的根據

要探討一個民族的起源，首先要確定這個民族的親屬關係（genetic relationship）。要證明親屬關係，最客觀可靠的辦法都是使用語言學的方法。人類學家從事民族的分類，也都是根據語言學家的分類，就是以語言的現象和特徵做爲主要依據。自從第十八世紀以來，歐洲語言學家累積了二、三百年的研究成績，發展出一套嚴謹的歷史比較方法（historical comparative methods），可以用來證明語言之間的親屬關係。

在確定語言之間有親屬關係之後，還要進一步探討它們之間的親疏遠近，也就是如何分支分類（subgrouping）的工作。這種工作實際上要比證明語言的有無親屬關係要困難得多。其中一個原因就是可能的分類法很多，尤其語言或方言的數目多的時候，其可能的分類法是上萬種的。好在絕大多數的分類法因可能性極低，很容易排除，只有幾種較有可能的分類法才要詳細加以比較，最後才選定其中一種最有可能的分類法。

凡是有親屬關係的語言（如漢語、英語、南島語），今日無論其地理分布多廣大遼闊，在當初還沒有擴散（dispersal）之前，這一群語言一定有一個共同的起源地，我們可以管這個叫作「原始居留地」或「祖居地」（homeland）。愈早分裂的語言距今年代愈久遠，彼此之間的歧異也愈大；愈晚分裂的語言，彼此之間的差異也就愈小。同時，愈早分裂的語言距離祖居地愈接近；愈到後期的擴散，距離祖居地也就愈遠。這是就一般常理而言，當然也會有例外，偶有民族「回流」的情況。

早在1916年薩皮耳（Edward Sapir 1916）在他的專刊《美洲土著文化的時代透視》（*Time Perspective in Aboriginal American Culture*）裡，就根據語言的地理分布和分支的現象，來推斷民族遷移的

語言學小百科

歷史比較法

歷史語言學家比較相關的語言，也就是有親屬關係的語言，來重建他們的古語，這種方法就叫做「比較方法」或「歷史比較方法」（comparative method）。傳統的歷史比較方法是比較兩種或兩種以上相關的語言，如果有不少詞彙顯現「規律的對應關係」（regular sound correspondences），語音和語意都對當，而且並非借字，這才能證明它們有親屬關係。語言若有相似的特徵或現象，未必就是眞正有親屬關係，因爲相似可能是偶然的，也可能是移借的，還有可能是世界各種語言的通性。必須經過嚴格的比較方法鑑定之後，才能確定語言之間有沒有親屬關係。

方向和時代。他提出這樣的概念：語言最歧異（the greatest linguistic differentiation）的地區，就最可能是該語族的起源地。[2] 例如，Algonquian 語族在北美五大湖區的一支叫作中東支群，可是其他三個支群（Blackfoot, Arapaho, Cheyenne）都在西部。因此，「我們不得不做這樣的推論：在遠古時代，該語族大致從北美洲西部向東遷移，直到相當晚近的時代才有部分族群向西移動。」另一個例子也是在北美洲的 Athapaskan 語族，這個語族一般分爲三地區：（一）北區從阿拉斯加到 Hudson 灣，（二）太平洋區在奧勒岡州和加州，（三）南區在德州、新墨西哥州、亞利桑那州一帶。如果這三區的語言就代表該語族的三大分支，我們就無從斷定哪一區才是起源地。其實太平洋區和南區的語言都相當有同質性（homogeneous），而北區的語言卻很有歧異性（heterogeneous），並可能須進一步分成兩個或兩個以上的分支。因此，該語族的起源地在北區的可能性遠大於其他兩區。由此可見，

---

❷ 1979 年 4 月 9 日當我發表「從語言的證據推論台灣土著民族的來源」專題演講並首先向國內介紹這個概念時，屈承熹教授曾指出：漢語就是個反證，一般都相信漢語起源於中國北方，可是漢語最紛歧的地區卻在南方，而不在北方。1993 年 3 月我宣讀本文時，鄭恒雄教授也提出和屈相似的意見。誠然，我們並不能保證這個學理（語言最歧異的地區就最可能是該語族的起源地）一定百試而不爽。歧異的方言可能消失，一種強勢的方言可能取代了歧異地區的各種方言。漢語史也許就是這樣的一個例子。但漢語是否真的起源於中國北方，我們不妨存疑。從漢藏語系各種語言的分支和分布的狀況看來，漢藏語族的起源地應該在中國的西南方。漢語這一分支是否先到中國北方才擴散開來？我們似乎不宜先做定論。

這個民族是由北向南遷移和擴散的。更進一步的證據是，Athapaskan 語族更早期和其他兩個語族（Haida 和 Tlingit）有親屬關係，而那兩個語族卻在北美洲西北岸。這個證據更加強了 Athapaskan 的起源地應該在北方的推論，而使得中區或南區的可能性微乎其微。

戴恩（Dyen 1956）的〈語言分布和遷移理論〉一文，就是進一步發揮薩皮耳的理論。他也引用了上面所舉的兩個例子來做例證和說明。

最高度歧異的地區最可能就是擴散的中心，類似這種概念在植物學界俄國植物學家法微洛夫（Vavilov 1926）也曾加以發揮，他使用這種方法來推斷各種人工栽培植物的起源地。

總之，我們要追溯一個民族的遷移歷史，就需要這幾方面的語言學知識：（一）這個語族的各種語言和方言的地理分布狀況，（二）該語族內部的關係，也就是它的正確分支和分類（subgrouping）方法。這些都需要做實地的語言調查、分析和研究，所得的結論得要有充分的學理做根據。這也就是說，要檢驗語言的各種證據，並要能確定哪些語言現象是關鍵性的，哪些是次要的，才能選擇最正確的分類方法。

三、島上幾個族群的發源地

今天對於台灣本島各個族群的調查研究和分類工作，有些成果已經可以用來推斷該一族群的發源地，而有些族群尚有待做進一步的研究。

（一）泰雅語群

泰雅語群佔台灣北半部，從台北縣烏來鄉一直到南投縣仁愛鄉各縣境內，都有泰雅語群的人居住。

在語言分類上，泰雅語群首先分爲泰雅語（Atayal）和賽德克語（Seediq）兩支，有六條音變的差異，後者大致保存古泰雅語的濁塞音 [b, d, g]，而前者大都已變成擦音 [β, r, ɣ]；兩者在詞彙上的差異更爲顯著（參見 Li 1981, 1985b）。

泰雅語本身又可分爲賽考利克（Squliq）和澤敖利（Cʔuliʔ）兩個分支。土田滋（Tsuchida 1980）曾提出語言上的三種證據來區分這兩個分支：

（1）古泰雅語 *g' 在字中前者的 r 對應後者的 s，如 piraʔ：pisaʔ“多少”。

（2）第一人稱代詞，前者爲 sakuʔ, kuʔ，而後者各方言爲 cu, ci, su, si “我”。此外，第一人稱含他式以及第二人稱單數，兩者的形式也不相同：taʔ 對應 tiʔ “咱們”，suʔ 對應 siʔ “你”。

（3）詞彙的不同，已知的約有二十個。

以上請詳見 Li 1985b。

從地理分布看，賽考利克方言的區域最廣，包括台北、宜蘭、桃園、新竹、台中、南投等六縣境都有，在地理上也都連續；其次是澤敖利方言，宜蘭、新竹、苗栗、台中、南投等五縣境也都有，大都在邊緣地區。賽德克亞族各主要方言都在南投縣仁愛鄉，其中太魯閣方言（Truku）遍布於花蓮縣秀林、吉安、壽豐、光復、豐濱、卓溪、萬榮各鄉。很顯然地，泰雅語群最紛歧的區域集中在南投縣仁愛鄉。由此可以推測，這個語群最先在仁愛鄉內開始分化和擴散。這個推測正好和本族人的傳說：起源於仁愛鄉發祥村（舊稱瑞岩）相符（參見馬淵 1954）。

泰雅語群各主要分支及具有代表性的幾個方言的地理位置

（二）布農族

布農族主要分布於台灣南半部中央山脈一帶，從南投縣仁愛鄉、信義鄉起，南到高雄縣桃源鄉，東到花蓮縣、台東縣許多鄉和村都有。

在語言分類上，布農語共分五種方言：1. Takituduh（舊稱卓社群），2. Takibakha（舊稱卡社群），3. Takbanuaz（舊稱巒社群），4. Takivatan（舊稱丹社群），5. Isbukun（舊稱郡社群）。1、2 兩種過去日治時代淺井惠倫稱爲北部方言，3、4 兩種稱爲中部方言，第 5 種稱爲南部方言。第 1 種 Takituduh 方言都在仁愛鄉的三個村（萬豐、法治、中正），第 2 種 Takibakha 方言都在信義鄉的潭南村和地利村。第 3 種 Takbanuaz 方言的地理分布較廣，包括信義鄉雙龍村、人和村、望鄉村，花蓮縣以卓溪鄉爲主。第 4 種 Takivatan 方言在信義鄉地利村，花蓮縣萬榮鄉馬遠村。第 5 種 Isbukun 方言的地理分布最廣，從信義鄉起向南一直到高雄縣桃源鄉、三民鄉，向東到台東縣延平鄉、海端鄉各村都有。以上五種方言都見於信義鄉。

從方言分類看，南部 Isbukun 方言和其他四種方言的差別最大，除了詞彙較多不同外，它有這幾種特殊的變化：（1）q > X，（2）h > ʔ 或消失，（3）ʔ 在元音間消失，（4）t 在 i 元音前顎化，（5）v、d、l 的清化，尤其在音節尾。因此我們可以斷定南部方言最早從古布農語分化出來，隨後北部方言與中部方言才分裂。北部兩種方言的特點是保持 c 與 s 的分別，而其他三種方言則都合併了。第 1、2 種方言彼

布農族的五大方言及其地理位置

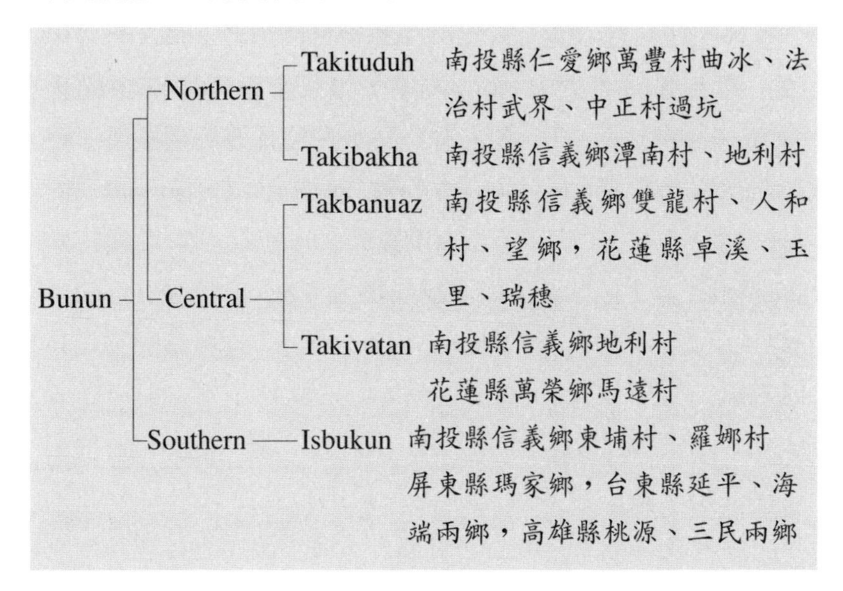

此在音韻系統和詞彙的差別都很小，可見它們分裂的年代相當晚。至於第 3、4 種方言的差別較大，它們分裂的年代應該較早。（以上詳見 Li 1988）

以上從方言的地理分布和分類看來，以南投縣信義鄉境內的歧異性最大，因此信義鄉最可能是布農族的祖居地。這個結論和馬淵（1954）根據布農族的傳說和民族文化特徵的分布狀況所得的結果可說完全一致。

（三）魯凱族

魯凱族的地理分布包括：（1）屏東縣霧台鄉，（2）高雄縣茂林鄉，(3) 台東縣卑南鄉等三處，在地理上並不連續。

魯凱語共有六個方言：(1) 霧台鄉的霧台 (budai) 方言，(2) 霧台鄉的大武 (labuan) 方言，(3) 台東縣卑南鄉的大南 (tanan, 自稱 taromak) 方言，(4) 高雄縣茂林鄉的舊稱「下三社」三種方言：茂林 (maga)、多納 (tona)、萬山 (mantauran, 自稱 ʔoponoho)，其中以萬山方言的差異最大，包括以下幾種特殊語音變化：(1) 濁塞音都已變成擦音：b > v；d 和 D > ð；g > h，(2) v 丟失，(3) θ > s，(4) s > ʔ，這些音變都是其他魯凱方言所沒有的 (參見 Li 1977)。杜紋秋小姐 (Tu and Cheng 1991) 經詳細檢查各種方言特徵，加以計量研究後，對魯凱方言提出了新的分類法，並認爲萬山方言應爲最早分裂出來。近來我對句法的研究，更進一步發現萬山方言在句法上和其他方言也有顯著的差異。就其中一項而言，人稱代詞不僅在形式上和其他方言頗有不同 (Li 1977:87-88)，而且區分更多套的人稱代詞，具有不同的語法功能。此外，萬山方言的動詞和屬人的賓語有呼應 (agreement) 的現象，例如：

ocəŋəl	inə	ʔərəŋə	ʔi	ðəəðəsə
看	他 (賓)	人名	主	人名

句意：ðəəðəsə 看到 ʔərəŋə 了。

這是在各種台灣南島語言中絕無僅有的句法特徵。可見萬山方言在音韻和句法兩方面都和其他魯凱方言有很顯著的不同。1977 年我曾把下三社方言併爲一支，因爲萬山和其

作者至高雄縣茂林鄉做調查研究時，與著魯凱族傳統服飾的少女合影。

他兩方言（茂林、多納）有很多共同的詞彙。當時我雖也曾考慮萬山也可能是古魯凱之下最早分支之一（1977:38），但受到詞彙因素的影響而沒有採納。如今看來，那些共同詞彙可能有不少是因地理上接近而互相借字的結果。如果這個新看法是正確的話，萬山方言最早分裂出來自成一支，另外一支包括其他各種方言。後者以後才又陸續分裂。

下三社的另兩個方言茂林和多納，相當接近，應無可疑。大南和大武雖然在地理上離得很遠，但語言上它們卻非常接近（參見 Li 1977:85）。根據這兩村的傳說（大南見 Li 1975:126-130），大約數百年前，大武村的人才從大南的舊址遷移到霧台鄉現址附近（見 Li 1977:85），而大南村的人陸續向東

魯凱各方言分類及其地理位置

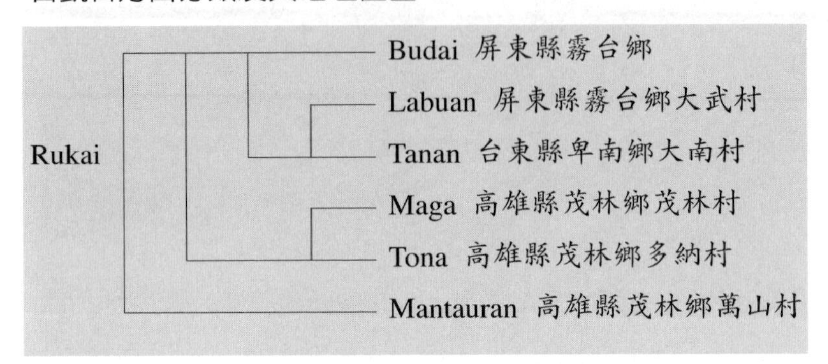

遷移了若干次，最後才到台東現址。再從語言各種現象看，霧台和大南、大武應合爲一支。

萬山和茂林（Maga）舊址都比現址更深入山區。萬山方言和在它北方的沙阿魯阿（在高雄縣桃源鄉）互相有不少的借字。由以上種種跡象判斷，魯凱族在擴散之前大概在現在分布地帶較靠北的地方，也就是在現今高雄縣境內茂林鄉比現在更向深山的地方。魯凱族的主要遷徙是由北向南，一支到達屏東縣霧台鄉，其中只有一小部分開後來陸續向東遷移到台東縣卑南鄉大南村。在數百年前就有一小部和大南分裂而南下到霧台鄉霧台方言的附近和本是同族人會和，這就是大武方言。另一支大致留在下三社地區附近一帶。

（四）排灣族

排灣族分布在屏東縣的三地門、瑪家、泰武、來義、春日、獅子、牡丹和台東縣的金峰、太麻里、達仁、大武等十一個鄉的山地地區。

排灣語的方言分類，根據何大安（1978）的五種方言初步比較研究，可以分爲西北和東南兩支。前者包括三地門、筏灣等地的方言，舌面音大都已變成舌尖音；後者包括丹路、土坂、太麻里等地的方言，都還保留舌面音。此外，詞彙的分布大致也顯示兩個方言區的不同。然而根據土田滋（Tsuchida, unpublished）調查的22種排灣方言資料，音變的條例和詞彙的分布狀況都相當錯綜複雜，難以截然劃分方言區。因此，我們仍有必要進一步做排灣方言的調查和研究。

根據馬淵東一（1954）的研究，荷蘭時代（1623-1661）所留下的文獻資料顯示，排灣族的祖居地是在今日分布的西北端，後來才向東和向南擴散。排灣族的遷移遠比布農族早得

一九九三年元月作者在屏東做田調時，與著排灣族傳統服飾的報導人合影。

多，早在十七世紀中葉許多重要的排灣族部落就已向外建立了新「殖民地」了。但這些殖民地相當零散並且部落很小，而在他們祖居地的人口卻很密集，有些部落的規模也比今日來得大。這也就是說，排灣語族的主要分支原來都在西北端，現在的三地門鄉、瑪家鄉和泰武鄉一帶。排灣族的口傳也說他們來自大武山（在泰武鄉境）。此外，根據他們的口傳資料，我們可以判斷：排灣族的大規模遷移不會比荷蘭時代早很多，大概在十六世紀末葉才開始，也就是大約在四百年前。

（五）阿美族

阿美族今日人口最多（約十六萬人），地理分布也最為狹長，在花東縱谷平原上從北到南都有阿美族的聚落。阿美族群的分類問題也較其他族群複雜，其組成成分似乎也較複雜。過去大都把阿美族從北到南劃分為五至六群，但各家分類法在細節上有出入，比較其關係如下：

台灣總督府 馬淵（1954）土田（1982b）

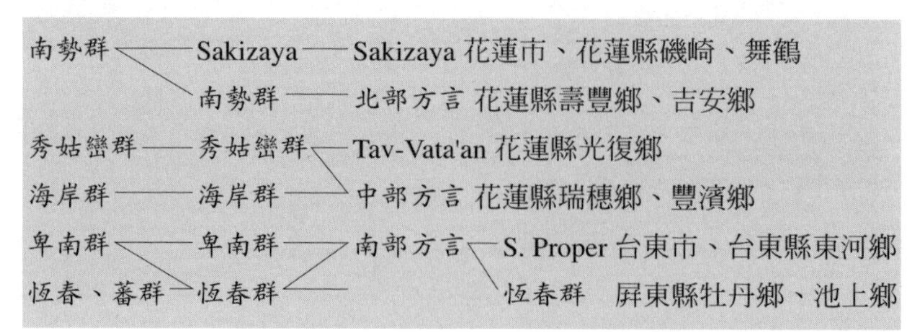

這五、六群之間的親疏遠近如何？目前尚無定論，主要因爲方言調查資料仍然不足。就現有的資料看來，根據詞彙統計法，南勢群（包括 Sakizaya 和土田的北部方言）自成一支，其他各群（包括秀姑巒、海岸、卑南、恆春）另成一支。可是若根據同源詞的分布狀況，卻又大致可分爲北部（南勢）、中部（秀姑巒、海岸）、南部（卑南、恆春）三支（Tsuchida 1982b）。無論根據哪一種的分類法，阿美各方言最紛歧的地區是在北部，也就是在花蓮縣境內。這也就說阿美族原來來自北方，後來才擴散到南部。其實，amis 一詞的本義也是「北方」。

此外，Sakizaya 群在清代屬於「歸化社」的遺民，該社在阿美族分布的地域的最北端，它的語言也最特殊（馬淵 1954）。今從語言現象看來，Sakizaya 是阿美語當中最爲保守的方言，也是最孤立的方言。這個方言大致保存古濁塞音爲 b、d，其他方言大都已分別變成擦音 v、ð，或進一步清化成爲 f、ɬ 了。詞彙方面，它保存了一些其他方言大都已丟失的古語同源詞，如 PAN *batuH > baʔtoʔ“石頭”，PAN *bubuʔ > poboʔ“魚陷阱”，PFN *waNuh > wadoʔ“蜜”。可惜這一方言僅存極少數人還會講，族人多改採其他阿美方言了。

（六）西部平原的平埔族群

西部平原上的平埔族，從新竹頭前溪南下到嘉義一帶依序有這幾族：道卡斯（Taokas）、巴玻拉（Papora）、巴則海（Pazeh）、貓霧捒（Babuza）、洪雅（Hoanya）等五族。其中巴則海和巴玻拉的緯度大致相同，但前者靠內陸，而後者靠海。洪雅的地理位置是在貓霧捒的東邊和南邊。

土田滋（Tsuchida 1982a:9-10）曾指出，道、貓、巴玻拉、洪四種西部平埔族語言有三種共同的音變：（1）古南島語的 *k 完全丟失，（2）古語的 *y 在語尾都已丟失，（3）古語 *t'（或作 *s）除語尾丟失外都變成 t。此外，這四種語言都有以下的共同詞彙：*nud “鼻”，*Rai-saŋaN “星”，*tubun “房屋”，*tapaha “褲子”。此外，道卡斯和貓霧捒兩種語言又有兩種共同的音變：（1）古語 *d, *D 和 *Z 都合併成 t，（2）古語 *p 變成道卡斯的 w，貓霧捒進一步消失。再加上一些共同詞彙，如 *taRu “毛”，*ti “魚” 等等，可以證明這兩種語言的密切關係。

我（Li 1985a）在文中指出，這四種語言的共同音變，除去土田所指出的三條外，還有（4）古語 *ŋ 變成 n（邵語也是如此）。它們的獨佔

語言學小百科

獨佔性共同詞彙

確定語言有親屬關係之後，還要進一步釐清它們之間的親疏遠近。詞彙統計法這一派的人士，就利用同源詞的多寡來判定語言關係的親疏遠近。然而，許多同源詞都是傳承自共同的母語，並不能證明那兩種語言關係較接近。幾年前戴恩（Dyen）教授提出一個看法：如果兩種語言擁有不少相同的同源詞，卻不見於其他任何相關的語言，就可以證明它們的關係非常密切。這種只見於兩種語言的同源詞，就稱為「獨佔性共同詞彙」（exclusively shared cognates）。

性共同詞彙（exclusively shared cognates）有四十多個，其中有十三個專屬於道卡斯和貓霧捒，而專屬於巴玻拉和洪雅的卻只有四個。

由以上音韻變化和共同詞彙兩種證據看來，道、貓兩種語言的確最接近，巴玻拉次之，洪雅更次之。

荷蘭時代所留下的費佛朗（Favorlang）語言資料，小川（1930）曾比較其他平埔族語料，證明它是屬於貓霧捒的一種方言。

小川（1936）也曾指出，“Papora”和“Babuza”二詞的語音相近，本屬同一種語言。我（李 1992）曾把道卡斯、貓霧捒（含費佛朗）、巴玻拉合併成一種，稱爲巴布蘭（Baburan）。如此說來，西部平原四種平埔族語言的關係如下面樹圖 A，而不是如圖 B 所示：

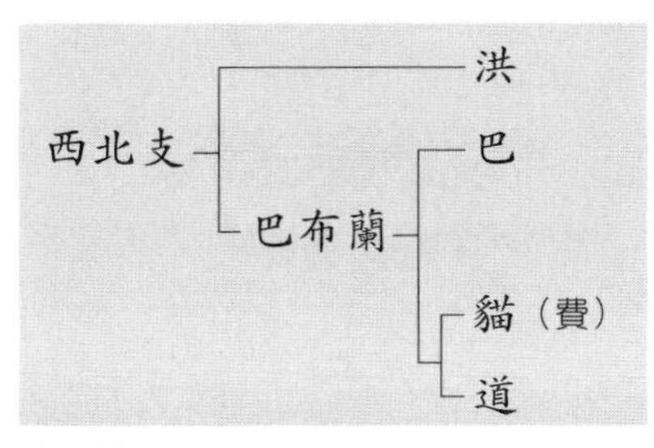

圖A（李 1992）

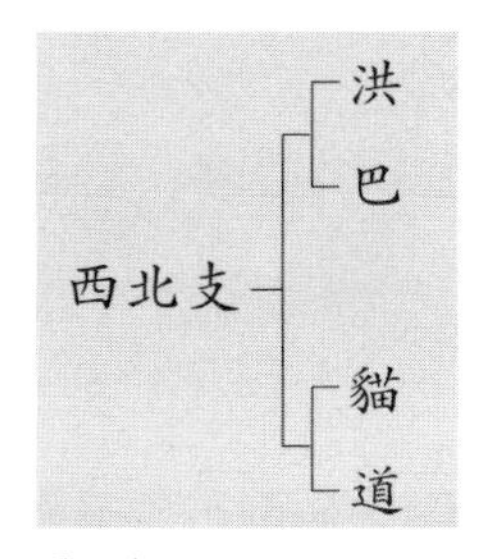

圖B（Tsuchida 1982a, Li 1985a）

值得注意的是：西部這四種平埔族語言，地理上最接近的，其親屬關係並不一定最密切。語言的證據顯示道卡斯和貓霧捒之間的關係最密切，但在地理上巴玻拉卻夾在中間，可見歷史上曾經有過移動。大概是巴玻拉後來才插入，使原來一種語言分隔後再分化成道卡斯和貓霧捒兩種。這種情況正如印歐語系中古晚期斯拉夫語系把拉丁語系分割成東西兩半一樣（見 Bloomfield 1933:313-14）。

這四種平埔族語言的相互關係，無論如圖 A 或圖 B 所示，在地理上其高度紛歧區都在大肚溪或濁水溪兩河流域一帶。它們當初應該在這區域開始分化。

更往上推，西北支四種語言和巴則海、賽夏兩種語言似乎較有關聯，可進一步合併爲大西北支（見 Li 1985a）。巴則海族原在豐原、東勢一帶，而賽夏族更靠北。這六種語言的相互關係及地理位置大致如下圖所示：

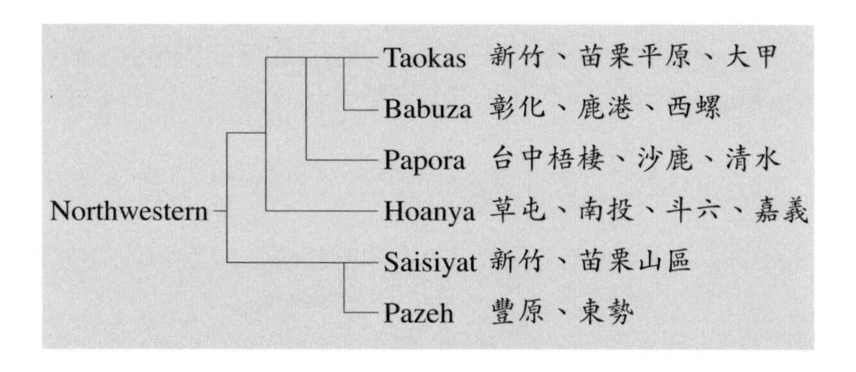

如果以上的語言分類是正確的話，那麼西北支六種語言的起源地最有可能在中部大肚溪流域平原地區，或稍靠北的大甲溪流域，而較少可能在中南部濁水溪流域。

如果上面的推論是正確的話，首先巴則海、賽夏兩族和其他四族在中部平原分化成兩大支。從語言的差距看來，巴則海和賽夏的分化時代相當早，當在二千年以上，而四族的

記錄保存台灣的南島語言，可以先從部落耆老著手。圖為作者與南投埔里鎮愛蘭村巴則海語發音人潘榮章訪問的情形。

分化時代卻相當晚，可能不超過一千年。四族後來才在平原上逐步向北和向南擴散和分化，成為十九世紀末二十世紀初我們所知的狀態。巴則海族大概一直沒有大移動，直到十七世紀的下半漢人大量移入以後，才有部分巴則海族人向西南遷移到埔里盆地。賽夏族則早就向山上發展和擴散。根據荷蘭的文獻資料，賽夏族的地盤相當大，涵蓋現今泰雅族在西北部地區的範圍，可是在泰雅族入侵之前（二、三百年前），賽夏族已大幅縮小它的範圍了（馬淵 1954）。

四、擴散中心

以上根據語言的分布和分支的證據，我們推測了台灣南島民族在島上遷移的方向以及一些相對的年代（relative

chronology），包括十二種族群（泰雅、布農、鄒、魯凱、排灣、阿美、道卡斯、巴玻拉、貓霧捒、洪雅、巴則海、賽夏）十多種不同的語言。我們所得的結果，部分得到荷蘭文獻資料和口語傳說的支持，如泰雅語群起源於今南投縣仁愛鄉發祥村（瑞岩）、布農族起源於今南投縣信義鄉。

馬淵東一（1954）的〈高砂族的移動和分布〉一文，曾根據荷蘭文獻資料、文化特徵的分布以及口語傳說（「口碑」）等三種資料，推論台灣各主要南島民族的遷移歷史和移動方向。我們利用語言學的證據所得的結果和他的結論殊無二致。運用不同的材料和方法所得的結果可以互相印證，這是非常可喜的事。

若只根據今日語言的分布狀況，因爲材料受到時空的限制，我們就無從知道賽夏族和鄒族的地盤曾經相當廣大。這就需要靠其他資料來補足了，如馬淵所利用的資料和方法。事實上，馬淵的資料和方法儘管相當堅實可靠，卻也有其局限性。他所重建的民族遷移歷史，基本上都是近三百多年來的事。至於年代更早的歷史也就難以查考了。然而，運用語言學的方法，我們卻可以把時代往上推得更早，甚至幾千年前的遷移史，例如美洲印第安人 Algonquian 語族和 Athapaskan 語族（參見第二節）。本文在第三節第六分節所討論的台灣西部平原五個族群的分化和遷移歷史，有的時代可以追溯到數千年前。這種時間的深度，卻不是文化人類學的方法可以達到的。

從以上第三節所提出的語言學的證據和所做的推論，

有些台灣南島族群的起源地在台灣中部平原及山地，也就是在大肚溪和濁水溪流域，時代可以追溯到數百年前到數千年前。

除了泰雅語群、賽夏、道卡斯等少數族群向北遷移和擴散外，其餘的都是向南遷移和擴散，包括布農、魯凱、排灣、卑南、阿美等族。直到二、三百年前，泰雅、布農等族都還在南投縣，沒有擴散。但目前並沒有證據來證明魯凱、排灣、卑南、阿美等族都是從中部南投發源。

如果現存台灣各族原來都從一個族（古南島民族或古台灣族）分化出來，那麼中南部地區最有可能是原始的擴散中心。台

一九九三年元月作者（圖中）帶著帥德樂（圖右）、羅斯巴（圖左）兩位國際南島語言學者到台灣東部訪問。

灣中南部就是今日南投縣及其附近。南投縣是語言較紛歧的地區，在這個地區有泰雅群、鄒、布農、邵、洪雅等族，而這些族群包括一些學者（如 Dyen 1971, Ferrell 1969:69, Tsuchida 1976:8）所稱的三大支群的語言。由這個地區向北部和向南部擴散都最容易，也最合經濟的原則。數千年前，南島民族若從亞洲東南部遷移過來，有的就在平原定居（即後來的平埔族），有的溯溪（大肚溪、濁水溪）而上到山區（即高山族）。

帥德樂教授（Starosta 1992）根據構詞的現象，認爲最紛歧的地區在南部，今日台南縣，因爲他的第一分支是魯凱，第二分支是鄒，第三分支是沙阿魯阿……。他指出荷蘭文獻只是近三百多年的歷史，口語傳說時代也短；對於數千年前的遷移歷史，除了語言學的證據外，考古學最有可能提供線索。

然而，最大的困難是我們無法把考古遺址和現存的台灣南島民族直接連起來。早先在台灣落腳的南島民族，可能有的留下，有的沒留下。台北盆地淡水河口的大坌坑遺址，最早的年代距今約 6,000 年，咸信是最古老的南島民族遺址之一（宋 1980）。而在中南部的遺址，迄今還沒有發現年代比它更古老的。我們如何解釋這種現象呢？台灣南島民族的遷移歷史，有不少的謎團仍待解開。

——原載《第一屆台灣語言國際研討會論文選集》，1995年

參考書目

Bloomfield, Leonard

1933 *Language*. New York: Holt, Rinehart and Winston.

Dyen, Isidore

1956 Language distribution and migration theory. *Language* 32.4:611-626.

1971 The Austronesian languages of Formosa. In Thomas Sebeok, ed. *Current Trends in Linguistics* 8:168-199.

Ferrell, Raleigh

1969 *Taiwan Aboriginal Groups: Problems in Cultural and Linguistic Classification*. Institute of Ethnology, Academia Sinica Monograph No.17.

Ho, Dah-an 何大安

1978 五種排灣方言的初步比較，《中央研究院歷史語言研究所集刊》49.4:565-681。

Li, Paul 李壬癸

1972 On comparative Tsou: *BIHP* 44.2:311-338.

1975 *Rukai Texts*. Taipei: Institute of History and Philology, Academia Sinica Special Publications, No.64-2.

1977 The internal relationships of Rukai. *BIHP* 48.1:1-92.

1979 Variations in the Tsou dialect. *BIHP* 50.2:273-300.

1981 Reconstruction of proto-Atayalic phonology. *BIHP* 52.2: 235-301.

1985a The position of Atayal in the Austronesian family. In Andrew Pawley and Lois Carrington, eds. *Austronesian Linguistics at the 15th Pacific Science Congress*, 257-280. Pacific Linguistics, C-88.

1985b Linguistic criteria for classifying Atayalic dialect groups. *BIHP*

56.4:699-718.

1988 A comparative study of Bunun dialects. *BIHP* 59.2:479-508.

1990 Classification of Formosan languages: Lexical evidence. *BIHP* 64.4:813-848.

1992 台灣平埔族的種類及其相互關係，《台灣風物》42.1:211-238。

Mabuchi, Toichi 馬淵東一

1954 高砂族の移動および分布，《民族學研究》18(1,2):123-154, 18(4):23-72。

Ogawa, Naoyoshi 小川尚義

1930 アボラング語について，《言語と文學》4:33-40 (1930:3)。

Sapir, Edward

1916 *Time Perspective in Aboriginal American Culture*. Memoir 90, Anthropological Series No.13, Geological Survey, Department of Mines, Canada, (Ottowa, 1916). Reprinted in *Selected Writings of Edward Sapir in Language, Culture and Personality*, ed. by David G. Mandelbaum, Berkeley and Los Angeles, 1949.

Starosta, Stanley

1992 A grammatical subgrouping of Formosan languages. Paper presented at the International Symposium on Austronesian Studies Relating to Taiwan, Taipei, December 29-31.

Sung, Wen-hsiun 宋文薰

1980 由考古學看台灣史前史，《中國的台灣》。中央文物供應社。

Tsuchida, Shigeru 土田滋

1976 *Reconstruction of Proto-Tsouic Phonology*. Study of Languages & Cultures of Asia & Africa Monograph Series No.5, Tokyo.

1980 Linguistic position of Sikikun and Mnawyan--Linguistic bases of subgrouping Sqolyeq and Tsʔole dialects in Atayal. Unpublished Ms.

1982a *A Comparative Vocabulary of Austronesian Languages of Sinicized Ethnic Groups in Taiwan*. Part I:West Taiwan. Memoirs of the Faculty of Letters, University of Tokyo, No.7.

1982b Subclassification of Amis dialects. Unpublished Ms.

1983 Austronesian languages in Taiwan (Formosa). In S.A. Wurm and Shiro Hattori, eds. *Language Atlas of the Pacific Area*. Canberra: The Australian National University.

Tu, Wen-chiu and Cheng, C. C. 杜雯秋、鄭錦全

1991 A linguistic classification of Rukai Formosan. Paper presented to the Sixth International Conference on Austronesian Linguistics, Honolulu.

Utsurikawa, Nenozo 移川子之藏

1935 《台灣高砂族系統所屬の研究》。台北。

Vavilov, N.

1926 Studies on the origin of cultivated plants. *Bulletin of Applied Botany and Plant Breeding* 26:1-248.

台灣東部早期族群的來源及遷移史[1]

一、前言

本文將以在花東縱谷平原的南島民族各族群的來源和遷移為討論的重點，主要都是根據語言學的證據。在蘭嶼島上的雅美（達悟）族隸屬於巴丹群，並不是台灣南島語言的一種。

台灣東部包括花東縱谷平原以及部分中央山脈，現在的行政區域包括花蓮縣和台東縣。

台灣東部現有的幾個族群，除了漢人以外，都是南島民族，分屬於以下這幾個族群，其主要地理分布如下：

1. Amis：花東縱谷平原
2. Basay：大台北地區、蘭陽平原、花東平原（語言今都已消失）

---

❶ 本文的主要內容曾於 2010 年 5 月 12 日，在東華大學原住民民族學院做一場公開的演講。

3. Bunun：花東平原，從南投縣信義鄉到高雄縣

4. Kavalan：花東平原、蘭陽平原（原居地語言已消失）

5. Paiwan：台東縣、屏東縣

6. Puyuma：南王、卑南鄉

7. Rukai：大南村（今東興新村）、高雄縣茂林鄉、屏東縣霧台鄉

8. Seediq：花蓮縣、南投縣仁愛鄉

9. Siraya：花東平原、台南、高雄、屏東（語言今都已消失）

以上這九個族群的親疏遠近關係並不同。Amis, Basay, Kavalan, Siraya 等四個族群，都屬於同一個支群，稱爲「東台灣」（Blust 1999）。Bunun, Paiwan, Puyuma, Rukai 等四個族群的語言差異很大，因此南島語言學者，如 Robert Blust

田野調查與文字記錄，是保存語言文化繁重工作的一部分。圖中左起是John Wolff、Robert Blust和作者在卑南族陳月桃的南王家中訪問做筆記。

(1999)認爲：這四種語言，都是古南島語最早的分支；何大安(2008)也認爲：Puyuma 跟 Paiwan 都是台灣類型語言的最早分支；Malcolm Ross(2009)認爲：Puyuma, Rukai, Tsou 三種語言，都是古南島語最早的分支；Stanley Starosta(1995)則認爲：Rukai 才是最早的分支，其次是 Tsou。Seediq 屬於泰雅群的一個分支。

綜合各家南島語言學者的意見，加上我個人的一些意見，古南島語大約從五千年前開始分化，每隔五百年爲一階段：第二階段(四千五百年前)包括卑南、魯凱、鄒等幾個分支；第三階段(四千年前)包括「東台灣」、布農、排灣等幾個分支；第四階段(三千五百年前)東台灣再進一步分化爲巴賽—噶瑪蘭以及阿美—西拉雅。如下圖所示：

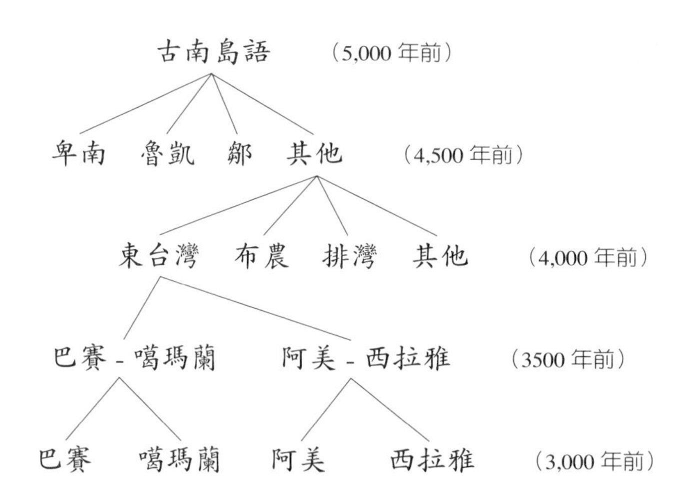

台灣南島語言分化簡略樹圖

台灣的南島語言受到國際南島語族學者的重視，圖爲訪問卑南族南王部落留影。

語言學界都採納 Sapir（1916）所提出的理論：我們可以經由有親屬關係的語言的地理分布來推論民族遷移的歷史和方向：語言最紛歧的地區，也就是這個民族或族群的古代居留中心，也就是他們擴散的起點。

整個南島民族，語言最紛歧的地區是在台灣，而台灣南島語言最紛歧的地方卻在南部。因此，嘉南平原最有可能是古南島民族的祖居地。

二、台灣東部早期幾個族群的遷移

南島民族最早遷移到台灣東部是什麼時候？哪一個族

群？從語言學的證據推斷，古南島語言大約在五、六千年前以嘉南平原爲居留中心，大約在五千年前才開始分化。根據Starosta（1995），最先分化出來的是魯凱族。但是魯凱族群最紛歧的地區在高雄縣茂林鄉山地，而台東大南村（Taromak）的魯凱族相當晚才遷移到東部來，跟大南方言最接近的大武方言（Labuan）還在屏東縣霧台鄉（參見下文第三節第1小節）。

根據何大安（1998）、Blust（1999）、Ross（2009）等人的分支，卑南語都是古南島語族最早的分支，因此，卑南族最有可能最早遷移到台灣東部來，約在4,500年前。要翻越中央山脈到東部顯然困難重重，卑南這一支群可能經由海路沿岸南下，繞過鵝鑾鼻後再轉向北到達今之台東縣卑南遺址一帶定居。

較早期的另一個分支是「東部支群」（East Formosan），包括現代的西拉雅、阿美、噶瑪蘭、巴賽，這些語言都有一個共同的音變：PAN *n 和 *j 合併，不見於其他任何南島語言（Blust 1999, Li 2004）。這四種語言當中，噶瑪蘭跟巴賽的關係最密切：

> **語言學小百科**
>
> **音變＝語音演變**
>
> 經過歷史語言學家鑑定的同源詞，雖然相關的語言都由相同的語源演變而來，但每一種語言演變的方向和速度並不相同，所以形式上都有一些差異。這些差異大都是語音演變（sound change）的結果。明朝陳第說：「蓋時有古今，地有南北，字有更革，音有轉移，亦勢所必至。」他所說的語音會有古今南北的不同，就是音變所造成的。

（一）*n, *j 跟 *N 又進一步合併，（二）*k 分化為 k 和 q（李壬癸 2001）。這兩種語言的共同祖語，可稱之為 Kav-Bas，很有可能最先分化出來，再遷移到東部來。從古南島演變到東部支群假定是 4,000 BP，其中一個分支遷移到東部今花蓮一帶，大約在 3,500 BP，再進一步分化向北台灣（今台北縣）擴散的一支 Basay，大約是 2,000 BP（北部 Basay 族群的碳 14 測定年代最早為 1,800 BP），另一支向蘭陽平原擴散的是噶瑪蘭，大約 1,500 BP（暫根據淇武蘭遺跡碳 14 最早的年代測定為 1,300 BP）。有一點微弱的證據顯示：阿美語似乎跟西拉雅的關係稍接近一些。若如此，阿美一支稍晚才從西南部遷移到東部今花蓮北部地區（按阿美語最紛歧的地區在今花蓮北部），大約在 3,000 BP。

令人納悶的一點是：何以到達蘭陽平原（1,500 BP）晚於更遠的大台北地區（2,000 BP）？

三、台灣東部近四百年來幾個族群的遷移（參見馬淵東一 1953-4，李壬癸 1995）

以下依時代的先後，說明近四百年來東部幾個族群的遷移。

1. 魯凱族

從荷蘭文獻判斷，魯凱族自從十七世紀中葉以後就沒有什麼大移動。大約四百年前魯凱族的一個分支，即大南（Taromak）跟大武（Labuan）的共同祖語 Tar-Lab 就已越過了中央山脈向東和向東南遷移，融入了卑南族和排灣族的東北支。在東部今日僅存的一小分支，就是現在卑南鄉大南村的魯凱族。早在荷蘭時代以前，就有一支已向南遷移到屏東縣霧台鄉了（馬淵 1953-54）。

大約在四百年前，就有一小部分跟大南分裂，這就是大武，並遷移到西部霧台鄉山地去。大武村的人從舊的大南部落遷移到舊的大武部落，距離新的大武部落約 20 公里，而於 1941 年再遷移到現在的大武村（李壬癸 1999:36）。根據耆老的口傳，大南村從舊部落遷移了幾次，最後才遷移到現址（參見 Li 1975:129-130）。

2. 排灣族

排灣族的祖居地是在今日分布的西北端（今屏東縣三地門鄉、瑪家鄉、泰武鄉一帶），後來才向東和向南擴散。荷蘭文獻資料顯示：在十七世紀中葉，許多重要的排灣族部落已向外建立了新的居留地和部落了。但這些部落相當零散並且很小，而在他們的祖居地人口卻很密集，部落比今日來得大，再加上他們的口傳資料，排灣族大規模遷移大概在四百年前就已進行了（馬淵 1953-4），而到達台東一帶大約在三百年前了。

3. 布農族

布農族原始居留地在今南投縣信義鄉山區。大約在三百年前，他們先向南擴散到高雄、屏東兩縣，而後約在二百五十年前，再向東擴散到花蓮、台東兩縣（馬淵 1953-4）。在花東的布農族有 Takivatan（丹群）、Takbanuaz（巒郡）和 Isbukun（郡群）。

4. 賽德克族（含太魯閣）

大約在十八世紀中葉，泰雅語群從現代分布的西南端（今南投縣仁愛鄉）向北和向東擴散。向東擴散的分支是屬於賽德克（Seediq）族。該族有 Tkdaya, Tauda（= Toda）, Truku 三方言，其中只有 Tauda 和 Truku 兩方言的人向東北方向到立霧溪下游，另一小分支向東南方向，大約二百年前到達東部（馬淵 1953-54）。

極少數臉上帶有刺青的賽德克老婦女

5. 西拉雅族

在台南和高屏地區的平埔族，一般稱之爲 Siraya。事實上，它包括關係密切的三個語言 Siraya, Taivuan, Makatau。1661 年起，漢人大量移民到台灣，這些平埔族群的土地逐漸落入漢人手中，他們便逐步後退到山丘地帶。從道光初年（1821）起，他們更進一步移民到台灣東部。他們分爲三條路線，有的翻越中央山脈（分為北路和中路，北路由荖濃溪沿岸，越過中央山脈，再由新武溪沿岸到東部；中路由枋寮經過大武到卑南），而有的經由海路繞過鵝鑾鼻，到花東縱谷平原定居（張耀琦 1951，附錄二，VI-VII）。如今他們已完全融入各地的各種族群，難以找到他們的語言或文化痕跡了。

6. 噶瑪蘭與巴賽

噶瑪蘭的原居地是蘭陽平原。道光 20 年（1840）起，他們分批南下遷移到花東平原，至今仍有若干噶瑪蘭的部落，如新社、立德、樟原，大部分都跟阿美族人混居在一起。

在蘭陽平原的社頭（Trobiawan）屬於巴賽（Basay）族，有一小部分也跟著噶瑪蘭人移居到花東，所以，今日在噶瑪蘭人口中仍然保存一點 Basay 語的殘留。

如前所述，噶瑪蘭跟巴賽這兩個族群的祖先在三、四千年就已到花東平原定居了，在一、二千年前才又向台灣北部擴散。一百多年前他們部分族人才又回流到東部。

四、結語

以上根據語言學以及其他相關的證據，探討和說明台灣東部現有的幾個族群的遷移歷史。依年代的先後，遷移到花東縱谷平原的有這幾個族群：卑南（4,500年前），噶瑪蘭—巴賽共同祖語（3,500年前），阿美（3,000年前），魯凱（400年前），排灣（300年前），布農（250年前），賽德克（200年前），西拉雅（190年前），噶瑪蘭和巴賽（170年前，從蘭陽平原回流）。年代久遠的就只能根據推測，而近四百年的就有文獻紀錄較可靠。我主要根據語言學的證據，但是也參考其他相關的證據，包括荷蘭文獻資料、考古遺址出土的器物的碳14年代、人類學的調查、口傳歷史、歷史文獻等等。

——原載《台灣原住民族季刊》，2010年

參考書目

李壬癸

1995 台灣南島語言的分布和民族的遷移，曹逢甫、蔡美慧編，《第一屆台灣語言國際研討會論文集》，1-16。台北：文鶴。日譯文刊於《原住民文化・文學言説集II》，下村作次郎（2007），367-390。台灣原住民文學選9。草風館。

1999 《臺灣原住民史—語言篇》。南投：臺灣省文獻委員會。

2001 巴賽語的地位，《語言暨語言學》2.2:155-171。

2010 從文獻資料看台灣平埔族的語言，《台灣語文研究》5:1-14。

何大安

1998 臺灣南島語的語言關係，《漢學研究》16.2:141-171。

馬淵東一（Mabuchi, Tôichi）

1953-4 高砂族の移動および分布，《民族學研究》18.1/2:123-154, 18.4:23-72。

張耀錡

1951 《平埔族社名對照表》。台灣省文獻委員會文獻專刊，第二卷第一、二期別冊。

Blust, Robert

1999 Subgrouping, circularity and extinction: Some issues in Austronesian comparative linguistics. In Elizabeth Zeitoun and Paul Jen-kuei Li, eds. *Selected Papers from the Eighth International Conference on Austronesian Linguistics*, 31-94. Symposium Series of the Institute of Linguistics (Preparatory Office), No.1. Taipei: Academia Sinica.

Li, Paul Jen-kuei (李壬癸)

1975 *Rukai Texts*. Taipei: Institute of History and Philology, Academia Sinica Special Publications, No.64-2.

2001 The dispersal of the Formosan aborigines in Taiwan. *Language and Linguistics* 2.1:271-278.

2004 Origins of the East Formosan peoples: Basay, Kavalan, Amis and Siraya. *Language and Linguistics* 5.2:363-376.

2008 Time perspective of Formosan aborigines. In Alicia Sanchez-Mazas, Roger Blench, Malcolm Ross, Ilia Peiros and Marie Lin, eds., *Past Human Migrations in East Asia and Taiwan: Matching Archaeology Linguistics and Genetics*, 211-218. London and New York: Routledge Curzon.

Ross, Malcolm D.

2009 Proto Austronesian verbal morphology: a reappraisal. In Sander Adelaar and Andrew Pawley, eds., *Austronesian Historical Linguistics and Culture History: a Festschrift for Robert A. Blust*, 295-326. Pacific Linguistics 601.

Sapir, Edward

1916 *Time Perspective in Aboriginal American Culture*. Memoir 90, Anthropological Series No.13. Geological Survey, Department of Mines, Canada. Ottawa.

Starosta, Stanley (帥德樂)

1995 A grammatical subgrouping of Formosan languages. In Paul Li, *et al.*, eds., *Austronesian Studies Relating to Taiwan*, 683-726. Symposium Series of the Institute of History and Philology, Academia Sinica No.3.

南島民族的史前文化

從歷史語言學家構擬的同源詞著手[1]

一、前言

本文試從語言學的研究成果來推測原南島民族的生活狀況與環境。歷史語言學家以比較方法（comparative method）擬測古語。古語的擬測必須滿足兩個基本要求：

（一）規律的對應關係（regular sound correspondences）。

（二）語言的現象或特徵得要在這個語族的至少兩個大分支（major subgroups）中同時保存。

前者一般學者大都有共同的認定，容易有一致的看法，而後者因各家對語言分支（subgrouping）的看法各異，對於同源詞的鑑定就可能採取不同的標準，也就是可能根據不同的語言材料來擬測古語，對於時代早晚的判定也許會有一些出

[1] 本文初稿曾於 1991 年 1 月 14 日在中研院歷史語言研究所講論會上提出，承同仁參與熱烈討論並提出許多寶貴的意見，使修訂稿更能照顧到各層面的問題，同時減少錯誤。杜正勝、何大安、臧振華幾位先生都提供不少改進意見，特此銘謝。

入。

南島語族的比較研究工作，較嚴謹的方法始於一百年前的荷蘭學者 H. A. Kern（1889）的那篇論文。集大成的工作，是半世紀以前德國學者田樸夫（Otto Dempwolff 1934-38）的那一部專書。他認定古南島語的特徵都保存在西部南島語言，稱之為印度尼西亞語言，因此他對於古音系統的構擬，基本上是根據這一地區的三種語言：菲律賓的 Tagalog 語，印尼的爪哇語，以及蘇門答臘島上的 Toba-Batak 語。至於同源詞的鑑定，他也以東部的大洋洲的語言，如斐濟、東加、Sa'a 做驗證，但非絕對必要的證據。換言之，他對於古南島語的擬測，主要的取材是西部南島語。最可惜的是，他那時完全沒有看到台灣南島語言的資料。他擬測的古南島語，總共約二千一百個同源詞。

著名的南島語言學家Otto Dahl

日本學者小川尚義（1930-1935年間）最先發現台灣南島語保存許多古南島語的特徵，包括語音和語法的現象。美國戴恩（Isidore Dyen 1965）接受他的主張，利用台灣南島語

著名的南島語言學家Malcolm Ross

言的資料對南島古音系統修正了若干次。此後比較南島語言學者，如 Otto Dahl、Robert Blust、John Wolff、Malcolm Ross、David Zorc，也都重視台灣南島語言的材料所能提供的證據。他們同時擁有更多的各種南島語言材料，陸續增添了許多同源詞，對於 Dempwolff 所構擬的同源詞也同時做了必要的修訂工作。尤其白樂思（Blust 1970, 1972, 1980-4, 1986）新鑑定的同源詞，遠超過田樸夫的不止一倍之多。

今日普遍存在於各南島民族的語言現象，有的固然是傳承（inherited）自原南島民族，但也有些是後來傳播（diffused）或移借（borrowed）的結果。爲了排除借字的成分，歷史語言學家一方面要掌握各種語言的音變規律，另一方面要檢查其所鑑定的同源詞是否確實見於幾個大分支的語言。其實如何分支，今日仍沒有一致的看法。地理位置接近的語言

語言學小百科

借詞

語言之間有相似的語詞和語意，未必就是眞正有親屬關係。語言長久互相接觸，就會互相影響。如果一種語言向另一種語言借用一些詞彙，這種借用的辭彙，並非來自母語，就叫做「借詞」(loan words)。日語、朝鮮語、越南語都借用了不少的漢字。例如，日語的數詞有兩套說法，有一套來自母語：hitochu, hutachu, michu...，另一套借自漢語：ichi, ni, san...。又如現代漢語的「幽默」是借自英語的humor，「杯葛」是借自英語的boycott。

容易相互影響以至移借，因此同源詞最好見於地理上遠隔的區域。例如，同時見於東西部兩大地區的南島語言，借字的可能性就很小。又如，假若同源詞只見於台灣南島語言，或只見於台灣和菲律賓，就有可能是借字。如果地理上中斷，譬如同源詞見於台灣，不見於較近的菲律賓，卻又見於較遠的印尼，其爲借字的可能性就相對地減少。總之，哪些同源詞可以確定爲古南島語，仍有不少的爭論。

語意轉移(semantic shifts)可能影響我們對於某些同源詞的正確認識。例如，“林投”這種植物在今日台灣山區很少見，因此轉指形似的鳳梨(噶瑪蘭除外)。又如，各南島語普遍指“姑婆芋”一詞，而在台灣，除茂林鄉的魯凱方言外，都轉指“葉子”。

二、南島語言的分區、分支和時代層次

1. 南島語族的分區

十九世紀中葉，英國著名博物學家華理士（A. R. Wallace）到馬來群島經過長期調查研究之後，發現 Greater Sunda Islands 大巽他群島（包括蘇門答臘、巴里、爪哇三大島）以及婆羅洲上的動、植物群和亞洲大陸的相似，而向東的那些島嶼（包括 Lesser Sunda Islands 小巽他群島、新畿內亞等等）上的動、植物群卻與澳洲的相似。西里伯（Celebes）島上的動、植物兼有這兩大地區的特色，是爲過渡區。以後學術界就管這一條東西分界線叫作「華理士分界線」（the Wallace line）。台灣在華理士分界線以西，而菲律賓群島大都在華理士分界線以東。

就動物群而言，西區有胎生哺乳動物（如猴、豬、鹿、麝貓），而東區卻有有袋動物（如袋鼠）。有袋動物在西區絕對沒有，但分界線以東附近也有一些胎生哺乳動物，只是愈往東愈稀少，可以推斷那是後來由人類引進的。

就植物群而言，西區才有稻米、小米、苧麻等等，而東部大洋洲因有截然不同的植物群，才沒有產生“織”的文化，卻產生了它特有的 tapa“打擊布”的文化（參見第三節第10小節）。

就南島語言學而言，華理士分界以東就是大洋洲（Oceanic）的語言，包括南太平洋、中太平洋、東太平洋三大地區，以西的就是台灣和西部南島語（Hesperonesian）。在東區的帛琉（Palau）語、關島和塞班島的 Chamorro 語，卻屬於西部南島語。

早在半個世紀以前，田樸夫就發現了大洋洲的語言有一些共同的特徵，因此大洋洲的語言自成一分支，只是它的層次較低，並不構成古南島語的主要分支之一。後來的大洋洲南島語言學者的研究，基本上也都支持他這種看法。可是爲了避免因地理位置接近就可能互相借字的危險，後來有些比較南島語學者（如戴恩、土田滋）的習慣做法是：要在東、西（含台灣）部南島語都保存的同源詞，才可上推至古南島語。這種做法也有偏差。例如，大洋洲所沒有的東西，怎麼可能有同源詞？

考古學方面的證據也顯示南島民族的遷移路線是從西區向東擴散，東區時代要比西區晚，但大洋洲語群（the Oceanic group）應不晚於西元前一千七百年。玻利尼西亞語群大約在三千年前就遷移到了東加島（Tonga），然後於 700-600 B.C. 再向薩摩亞（Samoa）島遷移（以上參見 Pawley and Green 1973）。

東部大洋洲語言和西部南島語的主要不同如下：

(1) 大洋洲的語言丟失了古南島語的語詞尾輔音，只有後頭緊接著詞尾的還保存。而西部南島語大都保存。

(2) 大洋洲的語言合併了古南島語的許多音類，如 *p 與 *b，*mp 與 *mb，*t 與 *T，*nt 與 *nT，*d 與 *D，

*nd 與 *nD，*t'、*d'、*k' 與 *g'，*k 與 *g，而西部南島語大都保持這些分別。

(3) 大洋洲語言的詞序大致上是 SVO（主語 - 動詞 - 賓語），是賓格的語言（accusative languages），動詞與賓語有一致性（agreement），而西部南島語的詞序大致上是 VSO 或 VOS，是作格的語言（ergative languages），動詞與主語有一致性。

台灣是整個南島語族最靠北的地區。台灣南島語言的特徵和西部南島語言大致都相似，但卻保存了許多西部南島語言所缺少的特徵：

(1) 許多台灣南島語保存 *t 與 *C，*n 與 *N 的分別，也保存了 *q 與 *S 等輔音，而在西部南島語言前兩種分別都已合併，而 *q 與 *S 或演變或消失。

(2) 台灣南島語第二人稱複數 *kamu，在台灣地區以外都已語意轉移爲第二人稱單數。

(3) 在共時的音韻規律方面，西部南島語（如印尼語、馬來語、菲律賓語）普遍地都有鼻音與塞音融合（nasal accretion）現象，如 mb 融成 m，nd 融成 n，ŋg 融成 g，而台灣南島語言都沒有這種音韻現象。

2. 南島語族的分支

南島語言學者對於南島語族主要的分支，有以下幾派不同的看法：

(1) 古南島語最先分裂爲北西部與東部二支（Dyen 1971,

Tsuchida 1976）。

(2) 古南島語最先分裂爲北（台灣）、西、東三支（Haudricourt 1965）。

(3) 古南島語最先分裂爲北與西東二支（Dahl 1976, Shutler and Marck 1975）。

(4) 古南島語最先分裂爲魯凱、鄒、卑南、其他（Ross 2009）。

以上除了第 (1) 派的看法外，其他各派都一致認爲台灣南島語言是古南島語最早的主要分支。本文採取多數學者的分支看法。

3. 南島語族的時代層次（大致根據 Blust 1980）

根據以上所述各大地區南島語言之間的差異和保存古語特徵的狀況，我們可以再根據同源詞分布的範圍來概略訂出

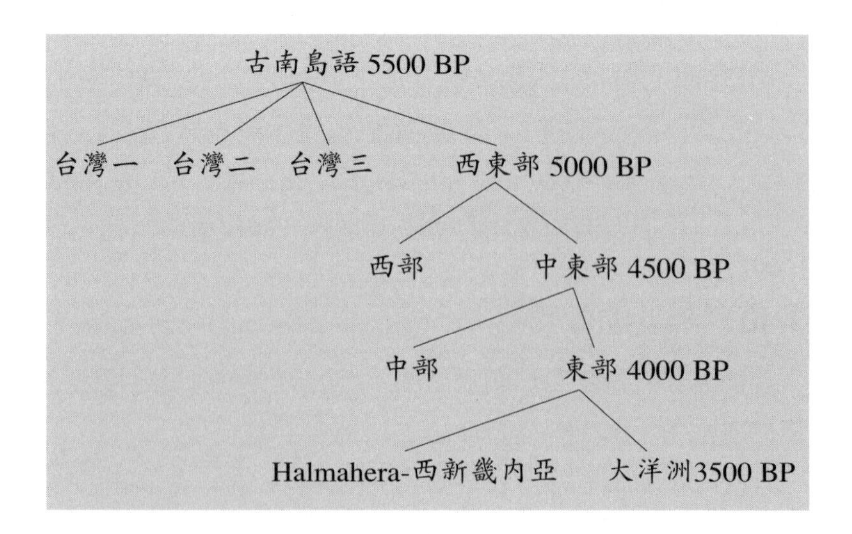

時代層次如左圖，解說如下：

古南島語大約在五千五百年前開始分化爲四大分支，其中三個分支是台灣南島語，第四分支是台灣地區以外，就是西部和東部南島語。分化以後第二階段在五千年前，其中西東部再進一步分化爲西部和中東部。第三階段在四千五百年前中東部再分化爲中部和東部。第四階段在四千年前再分化爲Halmahera-西新畿內亞和大洋洲。第五階段在三千五百年前大洋洲再分化下去。

三、古南島民族的史前文化

以下根據各家所擬測的南島語同源詞，分類敘述這些詞所顯示的史前文化意義。主要都是根據 Zorc（1994）的論述。關於同源詞的取捨和判定，有時也加上作者個人的意見，部分也取材自作者所收集的資料和研究成果。

1. 自然界景物

古南島同源詞包括“日”、“月”、“星”、“天”、“地”、“石”、“砂”、“雲”、“雨”、“水”、“火”等詞，似乎跟今日一般所見的沒有什麼不同、但他們還有“季節風”、“下雨風”、“向內陸”、“向海邊”、“海邊打來的碎浪”等詞，可以推想他們原來居住在沿海或島嶼上，而不太可能住在內陸地區。

此外，他們留傳下來的詞彙有“小山丘”、“湖”或

"池"、"路"或"小徑"，似乎沒有高山或大河，也沒有橋。

有"白晝"與"夜晚"對立的詞。夜間點"火把"或"樹脂"（松脂）照明，此一同源詞 PAN *Damar 在魯凱語指"月亮"，而在噶瑪蘭和凱達格蘭（或改稱巴賽）卻指"火"。

2. 航海民族——航海技術與舟船用具

"隨波漂流"（PAN *qañud）一詞不僅在好幾種台灣南島語保存，遠至玻里尼西亞地區的東加語也保存了這一詞。"轉方向，掉轉船尾向著風"（*liuN）也很普遍。由此可見，古南島民族的生活環境和航海有密切的關聯。

南島民族無疑的是航海民族，否則他們不可能散佈在太平洋、印度洋兩大洋之間的無數島嶼與半島上。田樸夫和戴恩都擬測了古南島語的"船"（*paraqu）、"船槳"（*beResay）等詞，田氏又擬了"獨木舟"(*waŋkaŋ)和"帆"（*layaR）二詞，可惜都不存於台灣南島語言。這可能是古南島民族在移民擴散之前仍未有完備的船隻或航海技術，也有可能現存台灣高山族大都因住在內地高山上，失去了航海知識，而原來住在沿海一帶的多數平埔族語言久已失傳，我們無從知道他們原來有無航海技術。目前我們僅知道，原來居住在台北盆地一帶的凱達格蘭族有 baŋkaʔ"獨木舟"一詞，正是來自於古南島語的 *baŋkaʔ，可惜這一詞含有 ŋk 的語音組合是一般台灣南島語言很少見的現象，有可能借自菲律賓或印尼語。然而，泰雅語也有此一同源詞的證據，而且鄒語也有一些含有 ŋk 組合的詞。此外，南鄒語群卡那卡那富和沙阿魯阿語的

“船”叫做 ʔavaŋə，魯凱語群茂林方言的 avaŋ，多納方言的 avaŋə，西拉雅的 avaŋ，雅美語的 avaŋ，和菲律賓語“獨木舟”或“海上航行”一詞同源。然而這一詞似乎還不能向上推到古南島語。

除了台灣地區以外，東、西部南島語言還有以下關於舟船的同源詞：“筏”、“舵”、“舷外浮材”、“滾輪”（推舟船上岸用）、“水斗”（去船中水）、“划船”、“船上座位”、“撐篙”。

3. 打魚爲生

詞彙的證據顯示古南島民族靠漁撈生活。古南島語“魚”（PAN *Sikaʔen）意思就是“用來吃的”（比較 PAN *kaʔen“吃”）。他們捉魚的工具最先用“魚藤”（毒魚用）、“魚梁”或“堰”（人工趕魚過去）、“魚餌”、“魚鉤”、“魚陷阱”。他們的漁獲物包括“章魚”、“蠔”、“鯊魚”、“蝦”、“龍蝦”、“法螺”、“瑪瑙貝”、“大蛤”、“海龜”、“鰭刺”或“鷂魚”、“烏魚”、“鰻魚”，可能也有“鱷魚”。以上魚類大都來自海中。有“魚卵”一詞，可能也被視爲食物之上品。這些大都是普遍保存於整個南島語族東西部多種語言的同源詞。“螃蟹”只見於北、西部南島語。

用“魚籠”（以竹編製的魚陷阱）或“魚網”捕魚的技術大概更晚，完全不見於台灣同源詞，只見於台灣以外的西部南島語。因爲做魚籠、魚網需要較高的編製技術。“拖網”一詞見於東、西部南島語，卻不見於台灣，大概時代較晚。

4. 賴以爲生的植物和農墾

古南島民族自然也靠植物生活，他們所接觸的都是熱帶或亞熱帶的植物："籐"、"竹"、"芋頭"、"姑婆芋"、"薯蕷"、"小米"、"林投"、"芒果"、"破布子"、"無患子"、"野棉花"、"烏甜菜"、"山蘇花"、"茅草"、"甘蔗"、"椰子"、"魚藤"、"咬人狗"、"木麻黃"、"玉蕊"、"刺桐"、"薑"、"木槿"、"紅樹"、"三果木"等。顯然有些是採來食用，而有些是日常生活必需品，例如籐（做家具）、茅草（蓋屋頂）、無患子（洗衣物）、野棉花（做繩子）、松（點火或照明）。食用的包括"果實"或指"檳榔"（*buaq）一詞。他們可能也吃"竹筍"或"樹芽"。他們也有泛稱的"樹"或"木柴"以及"樹皮"、"樹枝"等詞。此外，還有樹林中常會碰見的"刺"。

只見於北、西部南島語的植物，包括："松"、"桑"、"絲柏"、"蛇木"、"台灣菝契"、"龍葵"、"香菇"、"土菇"、"蔬菜"、"種籽"。

台灣的香蕉、椰子、木麻黃、薑等，和其他地區並非同源詞，這幾種植物在台灣多爲人工栽培，可能是後來引進的。地瓜、芋頭、小米、桃、李、玉米、柚、芒果、南瓜、黃瓜、葫蘆、冬瓜、西瓜、芝麻等，大概都是後來引進台灣，因都非和其他地區同源詞。紅樹林僅在淡水河口留有一小片，可惜不知當年平埔族對它的稱呼是什麼。

在東、西南島民族的生活中佔重要地位的三種植物："椰子"、"西米椰子"（sago palm）、"麵包樹"，惟獨台灣是例外。在台灣平地常見的椰子固然是人工栽植，而有一種野生的西米椰子卻未見本地先住民善加利用（按：西米椰子有四、五種）。台灣的麵包樹也都是人工栽種的，分布並不廣。

此外，台灣南島語言還有一些重要的野生植物同源詞，如“樟腦”、“刺蔥”、“茅草”、“冇骨消”、“月桃”、“樹豆”、“九芎”、“咬人貓”、“苦苓樹”、“紫花酢漿草”、“刺莓”（或“紅梅消”）、“苦賈菜”、“蕨類”、“薯榔”、“高粱”、“小米（大）”、“山胡椒”，這些植物是否和其他地區同源，尚有待進一步研究。

一百年前 Kern（1889）擬測的古南島語詞彙中，包括“稻”、“米”、“旱田”等詞，而稻米只見於西部南島地區，因此他推斷南島民族起源地必定在亞洲東南部。台灣南島語的“稻”、“米”、“飯”三詞，和其他西部南島語同源，因此他們開始食用稻米應當在早期，但是否可以上推到古南島民族時期，學者仍有不同意見（參見 Dyen 1971, Blust 1982）。“稻”一詞，白樂思（Blust:31）指出它分布的地理區域很廣，不僅見於北、西部，而且也見於東部的北新畿內亞、關島、塞班島（但此二島上的 Chamorro 語在語言分類上屬於西部）。

除了“採集”野生植物外，古南島民族也已懂得“種植”有用的植物。他們有“未墾地”、“開墾”、“耕田”、“挖水溝，圳”等詞。由此可見，他們至少已有某種程度的農墾。

古南島民族也有處理穀物的一些技能：“打穀”、“簸穀”（或“搧掉米糠”）兩個同源詞可以證明。他們也用“杵”和“舂”打穀，用種子播種；因這些同源詞見於北、西部。如同其他

雅美人以杵和臼舂米

稻米文化，北、西部才有播種的“種子”、“秧苗”、“稻草”、“米糠”、“杵”、“舂”、“舂米”等同源詞。考古出土的器物中有石杵，但沒有舂，因舂是用木頭做的，容易腐爛之故。

5. 與古南島民族共同生存的陸上動物及昆蟲類

除去前文第三小節所討論的海上生物和魚類外，古南島民族也靠一些陸上動物生存。他們擁有“馴服”的“狗”可用來打獵。有“家養的豬”和“山豬”兩種（從碳十四測定大約四千年前豬已引進到新畿內亞）。野獸可以在“巢穴”中找到。野外有“蛇”、“蟲”、“老鼠”。同時還有惹人討厭的“蒼蠅”、“頭虱”、“衣虱”、“虱卵”、“蜈蚣”、“蟑螂”、“蜘蛛”、“白蟻”等。還有“吸血蟲（水、旱螞蝗）”、“跳蚤”、“毒蟲”以至於“蚊子"。

有些動物只見於北、西部南島語，就是博物學界所謂的「華理士分界線」以西的地區，包括三、四種胎生動物：“猴”、“牛”、“鹿”、“穿山甲”。牛或鹿的“角”、“猿啼”、“鹿鳴”等詞，似乎更進一步證實這些動物的存在。這些動物在台灣南島語言也都是同源詞，應該早期就和南島民族的生活有密切的關係。白樂思（Blust 1982）認爲北、西區才有這三、四種胎生哺乳類動物的同源詞，而東區卻有二種袋鼠動物的同源詞，正可以證明南島民族的起源地是在華理士分界線以西。

台灣考古仍未見牛骨出土，會令人感到意外。然而，台灣南島語“牛”、“鹿”常不分，如鄒、布農、邵、巴則海、西拉雅等。古語 *Nuang 係泛指反芻動物而言，這個詞專指“鹿類”的語言包括卡那卡那富的“母鹿”、沙阿魯阿的“母羌”，專指“牛”的只有魯凱語（不包括大南方言）、排灣語筏灣和三地門方言（不包括丹路、太麻里、土坂等各方言）。許多山地語“牛”的名詞是後起的，北部的語言多叫 katin，南部的叫 gung。很可能當初台灣只有鹿。

台灣的“熊”、“豹”和其他地區都沒有同源的關係，而在本島的語言大都有同源的關係。雲豹已知是台灣的特產之一，但其他地區也有熊，不知何以連不起語言的關係來。“羊”也有類似的問題。“馬”是晚近才引進台灣的。

台灣和其他西部南島語都有“馴服”及“家養的動物”以供應“肉類”（*qayam），包括鴨、小雞等。此外，還有山林中的“松鼠”。

6. 鳥類和家禽

古南島語留傳下來的語詞跟鳥類有關的有“鴿子”、“斑鳩”、“犀鳥”、“翅膀”、“蛋”。

台灣和其他西部南島語才有“貓頭鷹”、“鴨”、“飛”、“伏窩（抱蛋）”等詞。台灣地區以外才開始有雞（*manuk）一詞，卻與台灣不同源。台灣地區有“赤腹鷹”、“鵰”、“帝雉”、“竹雞”、“烏鴉”等，島上的有些語言同源，和島外的關係目前還沒有建立起來。其他鳥類雖然不少，目前我們還不知道早期南島民族對牠們有多少認識，或對他們的生活有多少關聯。

7. 狩獵

古南島民族打獵的器具是“弓”、“箭”。他們也留傳下來“用箭射”和“刺透”這兩個動詞與狩獵活動有關。

台灣和西部南島語都有“打獵”一詞。此外還有“逮住”、“吊住”和“抓住”三個動詞都與捉野獸有關。他們也會利用陷阱捉野鼠和山豬。此外，又有了“弓弦”一詞。

除台灣地區外，東、西部南島語都有“陷阱”（竹徑或尖釘）和“鳥膠”（黏鳥）兩個同源詞。

台灣南島語有很豐富的陷阱方面的詞彙，估計至少有六、七種。這些史前文化活動和其他地區有無關聯，尚有待進一步調查研究。利用鏢鎗打野獸大概時代較晚。

8. 食物及其烹調

古南島民族顯然知道用火，以幾種不同的方式烹調食物，有的用“火烤”（或煙燻）肉或魚，有的用“水煮”，也有的“生吃”。火既可用來加熱煮熟食物，也可用來“烤火取暖”。生火要靠他們用口“吹氣”。他們懂得如何“屠宰”豬或獵獲物。他們吃肉、蛋、魚、野菜、種的菜，用“鹽”調味，有時“太鹹”。那時他們還沒有儲存生肉的設備，因此不及時吃完就會“腐爛”。吃得不好會“嘔吐”。除了味道太鹹之外，他們也用“酸”這個詞，大概是吃到太生的果實。此外，他們還有“甜”一詞，想是吃“甘蔗”吧！

北、西部南島語有更多有關烹調的詞彙，包括煮飯或菜、在火上烤。他們開始知道用“木炭”，用過後有“餘燼”。他們也懂得品嚐“味道”，可能也用“油”（或“脂肪”）“煮菜”。有“吃剩的”就留待下一餐再享用。那時他們也會製造“陶土罐子”用來盛食物。除了上面提到的鹹、酸而外，他們還知道另一種味覺：“苦”或“辣”。實在不好吃的就“吐掉”。

東、西部南島語都有“煮鍋”，卻不見於北部台灣，可能時代較晚。

9. 房屋建築

古南島民族有房屋做爲“住家”（*Rumaq），也有在田野中的工寮或小舍（*lepaw），似乎顯示那時農墾期都要離開住家一段日子，而且農墾至少是維持生活必要的方式之一。此

西部南島民族的房屋多爲干欄式，有的甚至是建在水中。1996年6月攝於婆羅洲汶萊的「水村」。

外，他們還有某種公共建築物（*balay）。那時候的人顯然嚐過「屋“漏”（*tuDuq）偏逢連夜雨」之苦。

大概爲了避免地上潮濕或防止毒蛇入侵，他們的房子都用柱樁高架在地面上。進出房子利用爬梯，而爬梯大概就用削刻凹口的木頭。屋頂是人字形，有一根屋脊大概是用倒翻的木柴或竹子搭蓋來遮雨，上面鋪草（可能是西米椰子、草葉子）。屋子裡地板上有一個火灶，上面有一層或幾層放置炊具、木柴的架子。用木枕睡覺。以上房子的構造、內部陳設等相關的同源詞只見於東、西部南島語。（參見 Blust 1976:37）。

製做建材的方法包括用斧頭“砍劈”或“削平”，“磨利”或“削尖”，“敲進”。建築材料可能包括“木柴”、“竹子”、

“籐”、“草”、“黏膠”。

台灣和西部南島語有“門”、“關（門）”、“籬笆”、“前院”、“黏”等詞，但不見於東部語言。這些可能是後來到東部之後才丟失的文化。

10. 編織

（1）編

古南島語就有“繩子”同源詞。古南島民族應該懂得如何編製繩子，使用的材料大概就是古南島語就有的“野棉花”（參見上文第四小節）。

北、西部南島語才有“編”和“蓆”兩個詞，編製的是“蓆子”和“籃子”。

台灣和菲律賓地區的語言有“簸箕”（搧掉米糠用）或“籃子”，所以編製容器大概年代很早。編製的材料可能是古南島語就有的籐或竹子（參見上文第四小節），有如近代的台灣南島民族一樣。

台灣地區以外東、西部南島語就有更多關於“編”、“手編”、“蓆”這一類的同源詞，時代較晚。

（2）織

古南島語有“上衣”和“遮蓋的東西”，但他們會不會織布呢？北、西部南島語有“織布”、“織布機”、“梭棒”等同源詞，可見南島民族很早就有織布的技能。可惜東部南島

東加的鈔票背面，就是描繪當地婦女製作tapa的情形。

語並沒有織布的同源詞（但“織布”一詞東至帝汶都有同源詞），這可能是向東遷移以後在大洋洲才丟失的技術，而較少可能是在南島民族向東擴散以後在北、西部才發展出織布的技術，而且他們織過自然纖維品。東部大洋洲因為缺少可供織布的植物，才發展出他們特有的 tapa 文化（捶打而成的衣料）。

11. 縫補

古南島語已有“針”、“穿針”、“補綴”等詞。然而，“縫”一詞卻只見於北、西部南島語，可能“縫”這個名詞只在大洋洲丟失罷了。他們當時用什麼材料來做針呢？是魚骨還是其他？台灣考古出土的器物（距今大約四千年前）有魚骨、獸骨和玉製的針。最古老的長濱文化（約五千至一萬年前）已有魚骨做的魚鉤，但大概不屬於南島民族。

“線”一詞台灣和其他地區雖不同源，但東、西部卻同源，可見較晚才有線。

12. 衣飾

前文提到古南島語已有上衣，但他們的衣服是用什麼做的呢？會不會是那時常見的“樹皮”？北、西部南島才有“動物皮”、“帽子”、“圍裙”。此外，還有“手鐲”做裝飾。

台灣地區以外東、西部有“纖維品”，應該是由植物製成的，時代應較晚。

“丁字褲”只見於西部。如果這是晚期才有的話，古南島民族就只遮蔽上半身而露出下半部了。西部南島也有“裸體”一詞。時代都較晚。

13. 金屬

古南島民族似乎還不知道製造或使用金屬器物。北、西部南島語都有“金”。

西部南島語才有“金屬匠技術”，使用“鐵砧”打製“金”、“鐵”、“鉛”、“錫”等金屬，可能也有“銀”。銅器是後來才從印度人傳入的（根據 Zorc 1994）。

14. 生老病死與七情六慾

古南島民族自然也有這些生命的常態：“生”、“老”、“病”、“死”，其中“病”與“痛”常不分。我們雖然不能確定他們生過什麼病，但有些人因病或冷而“發抖”，顯然有些人爲“膿”所苦。而“瘡”或“傷口”一詞卻只見於北、西部，“癬”也是如此，長“疥癬”的人會“癢”，那就要“搔癢”，起“水泡”的會“刺痛”。

以“呼吸”與否來判斷生死。日常生活包括“吃”、“喝”、“吸”、“咬”，而吃喝過度也會“打嗝”。吃喝夠了“打呵欠”，就“舖蓆”“睡覺”，有時“做夢”。

古南島民族似乎還沒有烈酒，他們可能因喝山地酒（發酵的飲料）或吃檳榔而“醉”。“嚼”夾“石灰”的“檳榔”是從古就留傳下來的嗜好，而香煙是近代才從西方傳入的。

有關他們的感情生活，我們所知極有限。大概他們不高興時會用腳“踢”東西出氣，有時更會氣“哭”。他們即使不“怕”“人”，也該怕“鬼”才對。

與“哭”相對的“笑”卻只見於北、西部南島語，“淚”也是如此。此外，“尿”、“屁”等詞也是如此。然而“糞便”一詞卻各大地區的許多語言都保存，也就是可以上推至古南島語。

北、西部南島語擁有這些殘疾的同源詞：“瞎”、“跛”、“駝背”、“甲狀腺腫”。病痛時他們也會“呻吟”。田樸夫構擬的古南島語（其實只見於西部）有關疾病的有：“痲瘋”、“發疹”（或"瘍腫"）。我們缺少有關醫療的南島語同源詞，大概“按摩”以外就只有靠“巫醫”了。

15. 身體器官

古南島民族對於人體及其他動物器官的名稱分得相當細，自古留傳至今的有：“臉”、“眼”、“耳”、“髮”、“白髮”、“手”、“胸”、“乳房”、“腹”、“背”、“牙”、“肝”、

“腸”、“骨”、“血”、“血管”（或“筋”）、“尾”、“指甲”（或“爪”）、“翅”等。除了認識人體器官各部名稱外，對動物解剖也需要知道這些名稱。然而，有些重要器官名稱現在只在北、西部南島語言保存，包括“頭”、“腦”（或“骨髓”）、“舌”、“頸”、“排骨”、“膝”、“腳”、“腿”、“肺”、“胃”、“膽”、“膽囊”。有些詞，如“頭”、“腳”、“腿”，可能只是東部大洋洲語言偶然丟失罷了。

南島民族以為“肝”是靈魂的所在和思維的中心，有如中國人以為人用“心”在思考（比較英文的“mind”）。因此早期就認識“肝”，也認識“肺”、“胃”、“膽”等內臟，並不足為奇。

16. 衛生清潔

古南島民族是“洗澡”的，但多頻繁就不得而知了。他們注意到日久不洗會產生“體垢”或“頭皮屑”，也知道“髒”。

北、西部南島語有“洗衣服（或器皿）”一詞。此外，他們要設法剔除“夾在牙縫中的殘渣”。“刮”這個動詞可能指“刮鬍子”，也可能指刮動物的毛。

較晚的東、西部南島語更進一步區分“洗”和“洗手”。他們“漱口”，去“耳垢”，用各種“梳子”梳頭。

17. 交易與數字

古南島民族不僅“以物易物”，而且有“買、賣”行為。

買東西自然要先“挑選”，“這個”不要，還可以要“別的”。成交了就“給”東西。他們用什麼錢來買東西？可惜錢這一詞台灣和其他地區並不同源。沒錢也可以“借”。

他們也是用十進法，從一到十都是自古就有。有趣的是“五”和“手”是同一個詞，可見他們是用十個手指算的。他們當時不但會算，而且會問：要“多少”？但早期大概只會算小數字，還不會算到百。“百”這一詞台灣和東、西部並不同源，但東、西部同源，大概稍晚才有的觀念。在使用“百”以前就只會說“多”或“全部”（這兩個詞只見於北、西部南島語）。

18. 人稱與親屬稱謂

古南島民族就有“人”與“自我”（*(y)aku）的意識。人稱系統除了有你、我、他單複數之分別外，又有“咱們”（含他式）與“我們”（排他式）的區別，因此那時共有七個人稱代詞。

親屬稱謂從本身往上二代有“祖父”（*(b)aki）與“祖母”（baʔi）之分，當面呼喚（vocative）卻只有一詞（*bubu）。再向上就只有“祖先”（*a(m)pu）一詞的泛稱。上面一代“父、叔、舅”（*(t)ama）同爲一詞，“母、姑、姨”（*(t)ina）又是一詞，而當面稱呼又是各有一詞：父輩 *ama-y，母輩 *ina-y。跟本身同輩的只分長幼，不分性別：“兄、姊”（*kaka）一詞，“弟、妹”（*sag'i）爲另一詞，此外還有“同性雙胞胎”。“配偶”（*qat'awa）只有一詞，並無“丈夫”與“妻子”之分。“子女”（*aNak）也只是一詞，不分性別。那時還沒有“孫子”的稱呼。

19. 宗教信仰

古南島民族相信有“鬼靈”（*qaNiCu）的世界。北、西部南島語言更有許多“禁忌”（*palisi），含詞頭 *qali- 或 *kali- 的詞，就是禁忌的事物或現象（參見 Blust 1981）。

古南島語雖有“埋葬”一詞，但他們所埋的可能是死人的骨頭，而不是屍體，且多用“甕罐”盛裝。因爲有人（如 Zorc 1994）認爲古南島民族將死人屍體包裹在草蓆中，然後放置在高處讓它自然分解。然而，從台灣各地考古資料看來，早期台灣南島民族的死人並沒經過自然屍解的過程，而是直接入土“埋葬”。

20. 風俗習慣及其他

古南島社會似爲“二分制”（moiety system, *baliw）。人人都有“名字”（*(ŋ)ajan）。他們稱自己人爲"人”（*Cau），而不分外人、陌生人、敵人。他們外出常結“伴”而行，以至要有人“護送”（*Sa(n)teD）。

古南島民族有“羞恥、可恥、丟臉”（*Siaq, *ma-Siaq）、“犯錯”（*talaq）、“偷竊”（Cakaw）。可見偷竊行爲是自古就有的現象，也是爲一般人所不齒的。

“刺青、畫、寫字”（*t'uNat）一詞見於北、西部南島語，而我們已知古南島民族並沒有文字流傳下來（假如那時真有文字，就是寫在容易損毀的材料上），可見紋身的習俗時代相當早。

古南島初期似乎只分“黑”（*ma-qitem）與“白”（*ma-putiq）兩種顏色。“黑”（PSF *qu-Dem）與“暗”（PAN *DemDem）相關連，而“白”與“清潔”常爲同一語源。台灣南島語卻分“黑”、“白”、“紅”、“黃”、“藍”，而“藍”、“綠”多不分。

古南島民族關於嗅覺的詞彙也不多，只有“聞、嗅、吻”一詞（*Sag'ek），有臭味的詞含語根 *qa- 或 *la-。

古南島民族涉及戰爭的詞有“殺”、“躲藏”、“砍、劈”、“勇氣”等詞，但這些詞也可能涉及打獵。

北、西部南島語有“尖銳的武器”（*bakal），也有“報復”（*balet'）的行爲。

21. 獵人頭

南島民族獵人頭的習俗很普遍，地理分布也頗廣，從台灣，經菲律賓到婆羅洲、東至帝汶。這一習俗在有些地區的語言大概是後來才引進的，如帝汶、馬來語（借自婆羅洲的語言）。但在菲律賓呂宋島很偏遠的山區都可找到同源詞，因此，它的起源應該很早。儘管田樸夫擬作古南島 PAN *kayaw（cf. 布農 ma-kavas），我們無法爲它擬一古南島同源詞。白氏認爲它大概與織布機同時期就有的（參見 Blust 1976:34）。

按獵人頭的語詞在有些族群（如泰雅）屬於禁忌，因此很難爲它擬同源詞。

22. 陶器

陶器（陶鍋 *kuDen）這個同源詞的地理分布也很廣，「從菲律賓中部（CB kúlun）經婆羅洲（Kad kuon, LA kuden）一直到蘇門答臘（Toba-Batak hudon）, Sulawesi（Bar kura）, Moluccas（PAN *kuden, Buli ulan）, Admiralties（PMA *kur(o)），向東遠至斐濟（kuro）以至玻利尼西亞西部（東加 kulo，薩摩亞 qulo），那一帶並不製造陶器。從語言學證據看來，南島民族製造和使用陶器的傳統遠超過五千年以上。語言證據顯示陶器的不同功能 :*kur(o)"煮鍋"，*p^{w}(ei)n(V)taŋ(V)"水缸"……。陶器 Lapita 此一傳統語言學上卻沒顯示出來。」（Blust 1976:24）。

四、結語

南島民族絕大多數的語言過去都沒有什麼文字記錄。有關他們的史前文化，必須仰賴各種不同的學科（如語言學、考古學、人類學）以科學的方法重建。

根據過去比較南島語言學者所構擬的同源詞，我們可以推斷不少有關原南島民族的史前文化現象。從南島語言同源詞的地理分布狀況，加上我們對於南島語族主要分支的初步瞭解，我們又可以給各個同源詞擬訂時代層次，由此追循文化變遷的方向和過程。

古南島民族距今約五、六千年。他們的原始居住地在沿海和熱帶地區。他們擁有優良的航海技術和舟船工具。因爲靠海，漁撈是他們的重要生計之一。他們也有農墾，食用人工種植的植物（包括稻米），同時也採集一些野生植物，除食用外也會製做一些日常生活用具。他們的肉食包括家養的豬、山豬、鹿等幾種胎生哺乳動物。那時已馴服的狗用來幫助打獵（用弓箭射）。因此，他們的肉食包括一些飛禽和走獸。後來陸續又發展各種狩獵技術，包括使用好幾種陷阱和鳥膠。很多身體器官，包括一些內臟，也都已有名稱。他們已懂得一些烹調技術，而且隨著時代而有進步。當然，他們日常生活也會遭遇一些惱人的問題，如揮之不去或驅之不盡的蒼蠅、頭虱、衣虱、蟑螂、蜈蚣等等。原南島民族擁有永久和臨時的住屋，日常穿上衣，也會縫補。他們也使用十進法，也有買賣行爲。他們相信鬼靈的世界，人倫關係已有一套親屬稱謂，屬於「夏威夷型」（the Hawaiian type）。

有許多證據（例如植物的名稱，參見鹿野 1941，李壬癸 1991）顯示：台灣島上的先住民和南洋各地島嶼上的民族不僅有親屬關係，而且在過去數千年來仍然保持接觸和往來。其實台灣同時與亞洲大陸以及南洋都有密切的關連，在地理上它是連接亞洲大陸和南洋群島的樞紐。

——原載《大陸雜誌》第八十三卷第六期，1991年

附註：

本文內容，許多取材自 David Zorc (1994)。

參考書目

小川尚義、淺井惠倫

1935 《原語による台灣高砂族傳說集》。台北帝國大學。刀江書院。

李壬癸

1979 從語言的證據推論台灣土著民族的來源，《大陸雜誌》59(1):1-14。

鹿野忠雄

1941 台灣原住民族に於ける數種栽培植物と台灣民族史との 關聯，《人類學雜誌》56:522-528.

張光直

1987 中國東南海岸考古與南島語族起源問題，《南方民族考古》1:1-14.

1989 新石器時代的台灣海峽，《考古》1986(6):541-550.

臧振華

1989 試論台灣史前史上的三個重要問題，《台大考古人類學刊》45:85-106.

Blust, Robert A.

1970. "Proto-Austronesian addenda," *Oceanic Linguistics* 9:104-162.

1972a. "Proto-Oceanic addenda with cognates in non-Oceanic Austronesian languages," *Working Papers in Linguistics (WPL)* 4.1:1-43. Honolulu: Department of Linguistics,University of Hawaii

1972b. "Additions to 'PAN addenda' and 'Proto-Oceanic.addenda.'" *Working Papers in Linguistics (WPL)* 4.8:1-17.

1973. "Additions to 'Proto-Austronesian addenda' and 'Proto-Ocenic addenda-II, *Working Papers in Linguistics (WPL)* 5.3:33-61.

1976. "Austronesian culture history: some linguistic inferences and their relations to the archaeological record," *World Archaeology* 8.1:19-43.

1980. "Austronesian Etymologies," *Oceanic Linguistics* 19.1:1-181.

1981. "Linguistic evidence for some early Anstronesian taboos," *American Anthropologist* 83.2:285-319.

1982 "The linguistic value of the Wallace line,"*BTLV* 138:250.

1983-84. "Austronesian Etymologies II," *Oceanic Linguistics* 22:29-149.

1986. "Austronesian Etymologies III," *Oceanic Linguistics* 25:1-123.

1989. "Austronesian Etymologies IV," *Oecanic Linguistics* 28.2:111-180.

Dahl, Otto Christian.

1976. *Proto-Austronesian,* Scandinavian Institute of Asian Studies Monograph Series No. 15. Lund: Curon Press.

1981. *Early Phonetic and Phonemic Changes in Austronesian*. Series B:LXIII. Oslo: Universitetsforlaget.

Dempwolff, Otto.

1938. *Vergleichende Lautlehre des austronesischen Wortschatzes*. vol. 3: Austronesisches *Wörterverzeichnis*. Berlin: Dietrich Reimer.

Dyen, Isidore.

1965. "Formosan evidence for some new PAN phonemes," *Lingua* 14:285-305.

1971. "The Austronesian languages and Proto-Austronesian," Thomas A. Sebeok, ed. *Current Trends in Linguistics* 8:5-54. The Hague: Mouton.

Haudricourt, André G.

1965. "Probelms of Austronesian comparative philology," *Lingua* 14:315-329.

Kern, Hendrik. = McFarland, Curtis D. and Shigeru Tsuchida.

1976. Linguistic evidence for the determination of the original homeland of the Malayo-Polynesian peoples. Translation of Hendrik Kern, 1889 Taalkundige gegevens ter bepaling van het stamland der Maleisch- Polynesische volken. *Oceanic Studies: Linguistics, Anthropology and Sociology* 1:60-81. Tokyo.

Li, Paul Jen-kuei 李壬癸

[ ] Formosan cognates. Unpublished MS.

1994. "Some plant names in Formosan languages," In Pawley and Ross, eds. *Austronesian Terminologies: Continuity and Change*, 241-266. Pacific Linguistics C-127.

Pawley, Andrew and Roger Green

1973. "Dating the dispersal of the Oceanic languages," *Oceanic Linguistics* 12:1-67.

Shutler, Richard Jr. and Jeffrey C. Marck.

1975 "On the dispersal of the Austronesian horticulturalists," *Archaeology and Physical Anthropology in Oceania* 10(2):81-112.

Tsuchida, Shigeru 土田滋

1976. *The Reconstruction of Proto-Tsouic Phonology*. Monograph No. 5. Tokyo: Institute for the Study of Languages and Cultures of Asia and Africa.

Wolff, John U.

1974. "Proto-Austronesian *r & *d," *Oceanic Linguistics* 13:77-121.

1982. "Proto-Austronesian *c, *z, *g, & *T," *TICAL* 2. Pacific Linguistics C.75:1-30.

Zorc, R. David.

1994 "Austronesian culture history through reconstructed vocabulary (an overview)." In Pawley and Ross, eds., *Austronesian Terminologies: Continuity and Change*, 541-594. Pacific Linguistics C-127.

台灣南島語言的舟船同源詞[1]

一、前言

對於沒有文字記錄的語言，歷史語言學家只能使用比較方法 (comparative method)，以現代語言的資料來重建古語。南島語族因爲過去沒有文字記錄，要擬測它的古語就比漢藏語族或印歐語族有更多的困難。有些古語的現象已經產生變化，甚至完全消失。因此，我們可能無法復原古語的完整面貌。然而，對一個研究工作者而言，只要能復原一些現象，哪怕是一鱗半爪，在學術上仍是有意義的。有關台灣南島語言的舟船同源詞研究，便是以這種精神來嘗試的。

南島語族遍布於太平洋和印度洋中的二萬多個島嶼和兩個半島上。根據各種線索，多數學者認爲這個民族大約七千年前大概來自亞洲大陸東南沿海一帶，其原始居留地可能包括台灣。南島民族要擴散到這麼廣大的海洋地區，而且在移

---

[1] 本文初稿曾於 1991 年 8 月 9-11 日在台北召開的「中國境內語言暨語言學國際研討會」上宣讀。土田滋教授提供了很寶貴的語言資料和改進意見，特此申謝。

日月潭邵族所用的獨木舟

民之後又能在島嶼之間保持若干來往，他們必須擁有優良的航海技能和舟船工具，有關這一方面的詞彙也很豐富。這種現象在現代東部各島嶼上的大洋洲語言固然如此，在西部南島語言（包括菲律賓、印尼、馬來等地）也大都如此，惟獨台灣地區例外（參見 Pawley 1990）。這些年來，南島語言比較研究的學者（如 Blust, Dyen, Pawley 1994, Zorc 1994）一般都認爲，台灣南島語言沒有保存古南島語的舟船同源詞。土田（Tsuchida 1976）和 Dahl（1981）都曾對台灣南島語言做過全面性的比較研究，卻也都沒提到這一方面的同源詞。

台灣土著民族都屬於南島民族，台灣也是太平洋中的一個海島，何以台灣南島語言卻普遍缺少有關航海或舟船的詞彙呢？果眞如此，這是否意味著台灣就是古南島民族的原始居留地，航海技術要等到從此地擴散時才開始發展出來的，還是台灣南島語言普遍丟失了舟船詞彙？

現在仍然存活的在山區的語言，大都居住在內陸，遠離海洋，而在內陸居住地並沒有大的河流或湖泊可供舟船行駛（按：日月潭一部分是人工蓄水的潭，20世紀才由日本人建造，故邵語 ruðaʔ

語言學小百科

親屬關係、對應關係、同源詞、擬測

怎麼判斷語言之間有沒有親屬關係？十七世紀下半以後，歐洲語文學家逐漸發展出一套嚴謹的比較方法：語言之間，語意相近的語詞若有規律的「對應關係」（regular sound correspondences），就可以證明它們有「親屬關係」（genetic relationship）。這些語音、語意都對當的語詞，是來自共同的母語，因有相同的語源，故稱爲「同源詞」（cognates）。例如，魯凱語和卑南語的 babuy，排灣語的 vavuy，阿美語的 fafuy，鄒語的 fuzu，卡那卡那富語的 vavulu，都是指「山豬」，而賽夏語的 babuy，噶瑪蘭語的 vavuy，邵語的 fafuy，卻是指「家豬」，語音都對當，語意也很相近，因此這些都是同源詞，也就是從古南島語 *babuy 傳承下來的。只是經過幾千年的演變，語音雖不盡相同，但都有對應關係。古語的形式，雖然沒有文字紀錄，但可以比較現代（或早期）各種語言的形式，加以重建或復原，這就叫做「擬測」（reconstruction）。因爲擬測的語言形式，並不見於口語或任何文獻紀錄，按慣例其形式都要加一個星號 *，以示與實際的語音有別。

“船” 並非來自古語）。至於原來居住在沿海一帶的平埔族，大都已丟失了他們的母語，即使憑藉近代少數老人記憶中的語言，語言工作者能夠記錄的語料實在非常有限。

本文將提出證明，顯示台灣和其他地區的南島語言之間仍然保存若干有關航海和舟船的同源詞，只是目前所能找到的材料還很有限而已，而且還沒足夠的證據來證明這些同源詞都可以上推至最古老的古南島 (Proto-Austronesian, 簡稱 PAN) 層次。

二、有關航海和舟船的南島語同源詞

1. 航海的同源詞

如果同源詞見於北區的台灣、東區的大洋洲以及西區的南島語言可以上推至最古老的古南島語，那麼以下這二個古南島同源詞似都與航海有關（請見右表）。

以上這兩個詞可能與航海有關聯，但未必一定有關聯，因爲“漂流”（或“漂浮”）與“轉方向” 不一定要在航海上發生。

2. 舟船的同源詞

田樸夫（Dempwolff 1938）所擬測的舟船古南島語詞共有四個。他和後來的戴恩（Dyen 1971）都擬測了古南島語的 *paraqu “船”，*beResay “船槳”。此外，田氏還擬了 *baŋka[h] “船，獨木舟”，*t’ampan “船”，*waŋkaŋ “獨木

同源詞 / 各族語音 / 地區	PAN *qan'ud'	PAN *haliq
台灣	泰雅 ma-qaluit 賽德 qlul-iʔ (d同化為l) 鄒 ŋ-oxcu 卡語 m-a-ʔacunu (*n'與*d'易位，ŋ同化為n) 沙語 m-u-aɬusu 魯凱 mu-aludu 布農 muŋ-qanuʔ 排灣 se-qal'ud' 卑南 mu-laʔud (*q與*n'易位) 賽夏 ʔæl-ʔælor 阿美 ma-qaLuL (l同化為L) “漂流，被水沖走”	卡語 taku-aliʔi “轉方向”
西區	菲律賓塔加洛語 anod 爪哇語 ańut Ngadju-Dajak語 hańut “漂浮”	馬來語 bər-aleh “換方向，掉轉船尾向著風”
東區	南太平洋所羅門群島 Sa'a 語 m-enu 玻利尼西亞東加語 ma-ʔanu “漂浮”	斐濟語 yali “遺失”

舟”，*layaR“帆”等詞。[2] 可惜這幾個詞都只見於東區和西區的南島語言，卻不見於北區的台灣南島語言。

其實，原來居住在台北盆地及台北縣（包括部分宜蘭縣地區）一帶的巴賽族（Basay）就有 *baŋka“獨木舟”一詞，至今仍然保留在台北市內的一個地名，即現在的“萬華”，古時稱“艋舺”，那時當地的平埔族話意指“獨木舟”（參見安倍 1938:97），依閩南語發音也是baŋkaʔ。這似乎可以證明至少有一種台灣南島語，即北部的巴賽語，保存了“獨木舟”的古南島語同源詞。

1990年10月在澳洲堪培拉舉行的「南島語詞研討會」上，我曾口頭向Andrew Pawley教授提出這個例證，但他認爲這個語詞含有ŋk的組合，是台灣南島語言所沒有或少見的現象，因此他懷疑該語詞有可能借自菲律賓或印尼語。回台後經我查閱鄒語資料時，發現含ŋk組合的詞，例如：oŋko“影子，名字”，paŋka“桌子”，paŋki“傳說中的非鄒族人名”

語言學小百科

凱達格蘭究竟在哪裡？

早期日本學者，如伊能嘉矩、安倍明義（1930）、小川尚義（1944），都以爲現在台灣北部地區台北縣及宜蘭部分地區的平埔族是凱達格蘭（Ketangalan）。但後來根據馬淵東一（1953）的意見，這個民族實際上是巴賽族（Basay），而在台北以西和以南以及桃園一帶，小川稱作雷朗（Luilang）族的，才眞是凱達格蘭（參見Tsuchida 1985）。本人認爲，仍以凱達格蘭做爲這個族群的總稱，較爲適宜。

❷ Dempwolff使用的語音符號部分依Dyen及現行習慣改寫，對照如下：

Dempwolff: t' , v , j, ɣ, h, l̥
Dyen : s , w, y, R, q, r

（Tung 1964:507）。雖然後面兩個詞仍然有可能是借詞，但前頭的詞卻肯定不是借詞（只是該輔音群中間可能有一個元音脫落）。

泰雅語現在仍稱台北爲 mnkaʔ，稱“獨木舟”爲 bnkaʔ 或 mnkaʔ，意思是“把整根木柴劈成兩半，再挖空而成的器物”。按泰雅語 s-bkaʔ, s-m-kaʔ, m-skaʔ, m-bkaʔ 都指“劈成兩半”，skaʔ“中間”，同一語根的變化詞還包括 m-t-skaʔ, m-ckaʔ, p-skaʔ, p-t-skaʔ, p-ckaʔ, p-skan, p-in-s-bkan, p-s-bkan（參見 Egerod 1980:602）。泰雅語 b-n-kaʔ“獨木舟”含有語根 bkaʔ 及插詞 -n- < *-in-“完成貌”。根據易家樂教授的泰雅族報導人 Masa Tohoy（黃榮泉先生）的說法（易家樂 1991 年 1 月 27 日便條），當年泰雅族隔一條河與住在台北的人貿易往來，隔河向對岸的人大喊“bnkaʔ, bnkaʔ”（獨木舟！獨木舟！）住在對岸的閩南人（泰雅人稱為 kmukan）從此就管當地叫作“艋舺”[baŋkaʔ]，後來日治時代才改稱“萬華”[manka]。[3]

由以上資料可見，泰雅語也保存同一語詞 bnkaʔ < *b-in-kaʔ，按泰雅語多數方言元音在重音前多已弱化或丟失（參見 Li 1980）。比較田樸夫所擬測的古南島語形式 *baŋka[h]，其舌根鼻音應修正爲舌尖鼻音，後因受 k 的同化作用才變成 ŋ，其詞形可修正爲 *bankaʔ。[4]

---

[3] 這段泰雅語資料是易家樂（Søren Egerod）教授於 1991 年元月下旬查問其發音人所得，承他熱心提供，在此謹致謝忱。

[4] 然而，泰雅語詞形假若原來是 *b-in-kaʔ，如何轉變成 bankaʔ，要解釋卻有困難：泰雅語的插詞 -in- 常保留不變（參見 Li 1980:392-401），若 -i- 丟失也只是元音弱化，不會變成 a 元音。

此外，巴賽語也保存了古南島語 *layaR > rayar“帆”一詞[5]，而排灣語 la-laya 指“旗子”(Ferrell 1982:156)。噶瑪蘭語 RayaR“帆”顯然借自巴賽語。其他台灣南島語還沒發現這個同源詞。除了作者所蒐集的田野資料外，還查尋過現有的各種字典，包括泰雅、賽德、阿美、布農、魯凱等出版或未出版的字典，都無所獲。如果“帆”這個詞只保存在台灣北部一帶的平埔族語和台灣南端的排灣語，難免令人懷疑是否借自台灣以外的南島語言。

從音變大勢上看，巴賽語不像多數台灣南島語一樣區分 *t 與 *C，*n 與 *N，而卻像少數台灣南島語(如布農、阿美、噶瑪蘭、西拉雅)和台灣地區以外的所有南島語言一樣地不分。然而卻有一種不尋常的換位(metathesis)音變現象是各種台灣南島語與其他地區的顯著不同處，表現在最後兩個輔音的次序，例如：

台灣地區 *bukəS	巴賽 bukuc 凱達格蘭 pouket 鄒 fʔəsə 卡 vəkəsə 沙 vəkəsə 邵 fukiʃ 賽夏 bukəʃ 巴則海 bəkəs 噶瑪蘭 vuqəs 阿美 bukəs “頭髮”

台灣以外 *buSək	菲律賓有些語言爲buhuk或vuhuk（參見Reid 1971:88）“頭髮” 東加 fuk-a “理髮”

這種偶發的換位現象並不常見，巴賽語正和其他台灣南島語一致，就是 k-S 的次序，而台灣地區以外都是 S-k 的次序。類似這種輔音換位的例子還有：

台灣地區 *CaqiS	泰雅 c-um-aqis 鄒 t-m-eʔsi 魯凱 wa-caisi 布農ma-taqis 噶 t-m-ais 阿美mi-taqis “縫”
台灣以外 *CaSiq	塔加洛 tahiʔ “縫” 東加 sia（元音換位）“織”

可惜我們並沒有巴賽語關於這個同源詞的記錄。如果有，而且其輔音次序也跟其他台灣南島語相同，那麼巴賽語之隸屬於台灣南島語言，其證據就更堅強了。從現有的語言證據看來，巴賽語和噶瑪蘭語頗爲接近，而噶語“縫”一詞之輔音次序正如其他台灣南島語一樣是 q-S 次序，如

❺ 按規則的音變，古 *l 變成巴賽 c，如 PAN *lima > cima‘五’（參見 Li 1991）。今實際的巴賽“帆”的詞形是 rayar，而不是 *cayar，其字首輔音顯然受了字尾輔音的同化。

果確能找到巴賽語同源詞，大概也是同一次序。

其他台灣南島語言也許也有保存 *baŋkaʔ“獨木舟”和 *layaR“帆”這兩個古南島語詞的痕跡。這要充分掌握各種語言的音變規則，並且要搜尋相當多的詞彙資料，才可望有結果出來。目前多數台灣南島語言的詞彙資料都嫌不足。有待更多的人收集這些語言更多的語料。

另一個同源詞 *qabaŋ“船，獨木舟”，可由比較台灣南島語言和菲律賓語言而得：

地區	社群	發音	意義
台灣島	卡那卡那富、沙阿魯阿	avaŋə	“船”[6]
	魯凱茂林方言	avaŋɨ	
	多納方言	avaŋə	
	西拉雅	avang	
巴丹群島	雅美各方言 Itbayat Ivasay Isamorong	avang	“大船”（Tsuchida *et al* 1987:81）
	Babuyan	abang	
菲律賓	Casiguran Dumagat	qa'beng	“獨木舟”（Reid 1971:58）
	Gaddang	qabang	
	Ilianen Manobo	qaƀang	
	Kalamansig Cotabato Manobo	qowong	
	Western Bukidnon Manobo	qavang	
	Tagabili	qowong	

以上的同源詞見於台灣本島、菲律賓群島，以及台、菲之間的巴丹群島。台灣平埔族費佛朗語 Favorlang 於 1650 年稿件中的詞彙記有 abak, a small boat or sampan（Campbell 1896:122），其輔音尾若是 ng 之誤，也是同源詞。另外一個平埔族貓霧揀 Babuza 語，根據《諸羅縣志》，“船”是“阿滿”a-boan 也可能是同源詞，用漢字記音並不太準確，如以日語念出來就近似了。

語言學小百科

換位現象

語言變化有很多種類型，其中一種較少見的是「換位」(metathesis)，就是一個語詞中的兩個語音互換位置。例如，泰雅語的「巫醫」一詞有幾種變化形式：hmgup, hbgan, hngup, hnbgan，其中 g 和 b（或 p）互換位置。又如布農語 buan「月亮」，baunan「出月亮」，其中 u 和 a 互換位置。凡是發生這種語音對調的，就叫做「換位」現象。

一個同源詞若只見於地理上鄰接的語言，我們就不能排除其爲借字的可能性。因此，此一同源詞是否見於其他地區，尤其地理上遠隔的地區，有進一步查證的必要。

---

❻ 土田滋教授（個人交談）指出，卡族、沙族、西部魯凱族都在高山上定居，並不需用船，如何保存這個同源詞數千年之久？因此，他認為有可能都是借自平埔族西拉雅語。果若如此，這個同源詞能確定的就只有一種平埔族語保存了，而地處台灣西南部的西拉雅，當初可能也是借自菲律賓語言。

三、結語

本文舉出五個詞彙證據來證明台灣南島語言確實有關於航海和舟船的同源詞：PAN *qan'ud'“漂流”和 PAN *haliq“轉方向”兩個同源詞似乎都和航海有關，而 PAN*baŋkaʔ“獨木舟”，PAN *layaR“帆”和 PHN（古西部南島語）*qabaŋ“船、獨木舟”三個同源詞都是舟船工具。*baŋkaʔ 和 *layaR 的主要證據都是北部平埔族巴賽語，前者還有泰雅語的佐證，而後者也保存於排灣語。至於 *qabaŋ 一詞只見於台灣西南部少數幾種語言和菲律賓好幾種語言，可見兩地一直保持相當密切的交往。

然而，台灣北部凱達格蘭（含巴賽）的語言資料有限，而在南部的西拉雅和排灣兩種語言地理上接近菲律賓，因此這些語言所保存的三個有關舟船同源詞是否可以上推至最古老的古南島語言層次，目前尚無定論。

台灣南島語言是否保存古南島語有關舟船的同源詞，在史前文化具有重大的意義。傳統的說法認爲，這個民族大約在五至七千年前，從亞洲大陸東南沿海一帶向南擴散到印度洋和太平洋中的島嶼和兩個半島。他們必需要有舟船工具。他們行經的路線可能都經過台灣，再從台灣擴散（如 Bellwood 1991），也可能一部分遷至台灣，另一部分不經台灣而直接南下。後者是台灣考古學界普遍的看法（臧振華，個人交談）。如果台灣南島語言沒有保存古南島語任何有關舟船的同源詞，那麼古南島民族都從台灣地區擴散，這種可能性就大爲增加。本文所提出的例證似乎可以說明：台灣地區和其他地區似乎並沒有顯著的不同，只不過較早失去舟船的文化罷了。

——原載《民族語文》第七十四期，1992年，北京

參考書目

小川尚義

1944 インドネシア語に於ける台灣高砂語の位置，《太平洋圈》上卷，448-495。

土田滋，山田幸宏，森口恒一

1991 《台灣・平埔族の言語資料の整理と分析》（*Linguistic Materials of the Formosan Sinicized Populations I: Siraya and Basay*）。東京大學文學部言語學研究室。

安倍明義

1930 《蕃語研究》。台北：蕃語研究會。

1938 《台灣地名研究》。台北：蕃語研究會。

馬淵東一

1954 高砂族の移動および分布（第二部），《民族學研究》18(4):23-72。

Bellwood, Peter

1991 The Austronesian dispersal and the origin of languages. *Scientific American* (265.1):88-93.

Campbell, Rev. William

1896 *The Articles of Christian Instruction in Favorlang-Formosan, Dutch and English*. London.

Dahl, Otto Christian

1981 *Early Phonetic and Phonemic Changes in Austronesian*. The Institute for Comparative Research in Human Culture. Oslo.

Dempwolff, Otto

1938 *Vergleichende Lautlehre des austronesischen Wortschatzes*.vol.3: Austronesisches Worterverzeichnis. Berlin: DietrichReimer.

Dyen, Isidore

1971 The Austronesian languages and Proto-Austronesian. In Thomas

A. Sebeok, ed. *Current Trends in Linguistics* 8:5-54. The Hague: Mouton.

Egerod, Søren

1980 *Atayal-English Dictionary*. Scandinavian Institute of Asian Studies Monograph Series No.35.

Ferrell, Raleigh

1982 *Paiwan Dictionary*. Pacific Linguistics C-73. Canberra.

Li, Paul Jen-kuei

[ ] A Comparative Vocabulary of Formosan Languages. MS.

1980 The phonological rules of Atayal. *BIHP* 51.2:349-405.

1991 New data on three extinct Formosan languages. Paper presented at the Symposium on Austronesian Language Survival Issues, Sixth International Conference on Austronesian Linguistics, Honolulu, May 20-24, 1991.

Pawley, Andrew and Medina

1990 Early Austronesian terms for canoe parts and seafaring. Paper presented to the Symposium on Austronesian Terminologies: Continuity and Change, Canberra, October 18-20, 1990.

Reid, Lawrence A.

1971 Philippine Minor Languages: Word Lists and Phonologies. *Oceanic Linguistics*. Special Publication No.8. Honolulu.

Tsuchida, Shigeru

1976 Reconstruction of Proto-Tsuoic Phonology. Study of Languages & Cultures of Asia & Africa Monograph Series No.5. Tokyo.

1985 Kulon: Yet another Austronesian language in Taiwan？*Bulletin of the Institute of Ethnology*, Academia Sinica 60:1-59.

Tsuchida, Shigeru, Yukihiro Yamada and Tsunekazu Moriguchi

1987 List of Selected Words of Batanic Languages. University of Tokyo.

Tung, T'ung-ho

1964 *A Descriptive Study of the Tsou Language, Formosa*. Institute of History and Philology, Academia Sinica Special Publications No.48.

Zorc, David

1990 Austronesian culture history through reconstructed vocabulary (an overview). Paper presented to the Symposium on Austronesian Terminologies: Continuity and Change.

台灣南島民族關於矮人的傳說[1]

一、前言

台灣南島民族有不少的族群都有關於矮人的傳說，包括賽夏、噶瑪蘭、鄒、布農、泰雅、魯凱、排灣、阿美、邵等等。這些傳說是純屬虛構的，還是事實上有所根據？這是本文所要探討的一個課題。

根據比較可靠的語言學、民族學、考古學的各種證據，台灣南島民族最早遷移到本島居住的大約在六千年前。然而，幾萬年前就已有人類在台灣島上活動了，如台南「左鎮人」就是大約兩萬年前的人骨化石，台東長濱文化就是舊石器時代晚期（約一萬年至五萬年前）的人類遺留。這些人是屬於哪一種民族？他們的後裔都到哪裡去了？普遍存在於各族的矮人傳說，例如賽夏族矮靈祭歌及其相關的傳說，都可能提供一些線索。

---

❶ 本論文在「中國神話與傳說學術研討會」中宣讀時，承蒙與會人士謝劍先生、李福清先生（B.L. Riftin）、胡台麗女士提出不少寶貴的意見，特此誌謝。

菲律賓的小黑人，攝於十九世紀末。

台灣地區以外的南島民族，東南亞若干地區也有先住民族的活生生的例證。例如，菲律賓、馬來半島、安達曼群島、印度南部等地的小黑人（Negritoes）[2]，他們身材矮小而黑，有的就住在山洞中，正如賽夏族的矮人傳說。這些民族的語言隸屬至今不明。他們是遠古來自亞洲東南部的南亞民族或苗傜族（鳥居 1917）呢？還是來自南方澳洲土著民族，或是新畿內亞的巴布亞（Papuan）民族？或是其他？

曾經撰文探討台灣地區矮人問題的，包括伊能（1898, 1906），足立（1906），鳥居（1901, 1907），鹿野（1932），Ferrell

---

❷ Negrito 一詞現在較少人使用，因為各地所見小黑人的遺傳和特徵並不同。

（1968）等等。至於記載有關矮人傳說的就更多了，請詳見參考書目。

本文將收集各族有關矮人的傳說，並比較各種傳說的異同。也許不會有什麼結論或重要突破，但把這些相關的資料收集在一起，它本身就是一件有意義的工作。

二、各族關於矮人的傳說

（一）賽夏

賽夏族關於矮人的傳說，廣為人知的就是矮人祭。其實，賽夏族關於矮人的傳說並不止此一祭典，還有其他，包括賽夏族人娶矮人婦女，後來生了孩子又爭奪孩子的故事（參見下文）。這些故事是二十年前作者在苗栗縣南庄鄉東河村所採集的。此外，根據陳正希（1952）的報導，曾經發生過賽夏青年誤闖矮人住區，手臂中箭而逃回的故事。他並提及矮人住在山洞中，他們平時喜歡唱歌跳舞。這些敘述都接近小川（1935:125-128）更早在大隘社（今新竹五峰）所記錄之矮人祭的傳說。今節譯如下：

賽夏矮人傳說之一

從前，從山洞中傳來歌聲。人們說，「那邊是什麼？咱們去看看！」到那邊一看，就看見個子矮小像小孩的人。矮人說：「我們是矮人，叫作ta'ay，我們的妻子叫作toway。我們彼此相見了，這很好。咱們就一起唱矮人祭歌吧！」於是，矮人就教賽夏族姓「豆」的和姓「朱」的唱。姓豆的學不會，姓朱的卻學會了。於是，就把矮人祭的儀式交給姓朱的辦理了。……

我們本來跟矮人和睦相處，共同舉辦矮人祭儀。然而，矮人行爲不檢點，唱歌時他們非禮賽夏族婦女。這樣他們就觸怒了賽夏族人。他們過河的橋是由兩岸生長的枇杷樹交叉而成。賽夏族暗中把橋砍斷一部分。矮人都走上橋去遊玩，互相捉虱子。有人問，「嫂嫂，那是什麼聲音？」嫂嫂答道，「沒什麼，只是膝蓋碰撞聲。」橋斷了，所有的矮人都掉到河中淹死了。只有老人ta'ay和老婦toway沒死。矮人就對賽夏族留下遺言，「我們要到濁水河去。今後你們舉行矮人祭典，就隔年舉辦一次。你們再也看不到我們了。你們行爲若稍有偏差，我們就會鞭打你們，使你們暫時死去。那時，只要姓朱的把芒草打結，你們就會甦醒過來。我們要離開了，並把山棕葉撕開。從前山棕葉像芭蕉葉一樣地沒裂開，是我們矮人把它撕開的。」他們說，「這個[山棕葉]撕開一片，野豬就會吃你們的農作物。再撕開一片，麻雀就會吃你們的農作物。若再撕開一片，害蟲就會吃你們的農作物，百步蛇就會咬你們全族的人。這些都是有害的動物，牠們會加害你們全族的人。如此一來，你們以後再也不

作者（右一）一九九三年六月應邀赴巴黎出席語言學國際會議演講「賽夏族矮人祭歌詞重探」。圖爲與出席會議學者合影留念。左起龔煌城、William Baxter、Yakhontov、梅祖麟、丁邦新、李壬癸。

會有眞正的豐年了。我的話到此爲止。再見！我們要到濁水河那邊去。」說了他們就走了。

我於 1975 年初在東河村（苗栗南庄）所記錄有關矮人的傳說共有二則，今將漢譯附在下面，以資比較：

賽夏矮人傳說之二

矮人祭之事

矮人祭是紀念過去的矮人，（因此）有了矮人祭。從前是每年（舉行）七夜。日本人來了，說太浪費時間了，這樣就改成三天三夜。本來矮人對人很好。矮人還存在的時候，人們很豐收。沒有矮人之後，各種種植的（穀物、青菜等）都生蟲了，稻子生蟲了。人也就過著挨餓的生活。聽說過去矮人祭很多夜。大家太累了，（有）女人白天睡覺，被矮人姦污了也不知道。被她哥哥無意撞見了，他很氣了。他想，「我要把矮人全部殺掉。」他磨刀了。雞叫了，（他）到Kaehkapokaeh去。在湖邊有棵枇杷樹，枇杷被他砍了一部分。在破曉時分，年輕的矮人從rarəmə'an 回去了，都一定要經過Kaehkapokaeh的湖。大家洗臉洗腳，爬到了枇杷樹上面，吹著涼風。他們全都爬上去了。樹發出很多響聲，有人問，「什麼聲音？」有人說，「是嫂嫂的膝蓋關節響。」不知不覺地樹倒下了，他們全部掉到湖裡去了。他們全部都死了。他目睹之後就回去了。在路上碰見老矮人，本想也把他殺了。矮人說，「不要殺，（我們）已沒了年輕人了，我們自己也會死。教你們矮人祭法及祭歌，但是（沒了我們矮人）你們以後生活就不好了。」（我）告訴你們去找所有的姓，看誰比箭跑得快，誰比箭快，就傳授他矮人的歌。如果誰沒被箭追上，你們就指定他來辦理矮人祭的事。誰會，（我們）就傳授他矮人祭歌，這個（人）就讓（他）主唱矮人祭歌。比賽完了，姓「日」的最強，姓「朱」的最會唱，這兩姓就被定爲矮人祭之領導人。

矮人跟人結婚是怎麼樣來的？聽說男人帶狗去山上

打獵，回家看見飯已燒好了，找人卻沒找到什麼人，好幾次都這樣沒有人。他知道（一定是）她看見狗才知道是人回來了，知道時可能就已離開了。「我知道了。把我的狗綁起來，再跟我的狗一起進去，（那麼）矮人就來不及跑掉。我（對她）講話，（她）不答應。一直問，她也不答應。我心裡難過。」他踢狗。狗被踢就放屁。矮人笑了，講話了。人跟矮人結婚，生了一個孩子。後來人不好，遺棄矮人（妻）了，（再）娶了人。矮人生氣了，「既然如此，咱們就分小孩吧。」「只有一個怎麼分？」矮人說，「你自己看你要什麼。」「如果這樣，我要頭，你要腿。」「切開丟到水裡去，一禮拜後咱們兩人再來看。」來看時，腿又變成人了，而頭卻爛掉了。咱們人欺負人是不好的，不對的。矮人會織有花樣的布，是很靈巧的，個個都長得很好看。

此外，陳正希（1952）敘述一段賽夏獵人巧遇矮人的故事。

賽夏矮人傳說之三

一個賽夏族青年單獨出去打獵，爲了追逐一隻小鹿，越過了自己的獵區。河岸的那邊也是座山，叫做麥巴來（Maibalay）山，山下的水流叫做娃來（Waray）溪。小鹿逃到那裡便不見了。賽夏青年順著娃來溪上

> 游尋覓過去。忽然瞥見山坡上一個小孩子蹲在那兒挖芋頭。原來她卻是一個矮婦人，因爲她的背後背著一個嬰孩，而那沒有完全遮著的胸部可以明顯地看到一隻肥碩的奶子，身段卻只有三、四尺光景。那個女人的頭髮並不像他自己的黑而直，而是紅色的捲髮。
>
> 在賽夏族的對岸住著不同族類，矮短身材，紅頭髮，會隱藏著身體攻擊人。他們才是山地的先住民，平日喜歡唱歌和舞蹈，生性淫蕩。他們身材雖然矮小，但膂力卻很大，身上老是佩著大刀和弓矢，常常躲在樹葉或叢莽間射擊人。……賽夏青年因此中箭，那箭的桿是竹製的，箭頭卻是鐵的。
>
> （陳正希 1952）

（二）噶瑪蘭

噶瑪蘭族過去在蘭陽平原定居。根據清代文獻上的記載，在蘭陽平原有三十六社。其實，其中三社（哆囉美遠、里腦、猴猴）並不是噶瑪蘭族（請參見李 1992）。儘管噶瑪蘭族原來是蘭陽平原的主人，但是歷經清代近百年（1796-1895）的漢化，到了日治時期其語言文化都已喪失殆盡了。幸虧日治時期日本學者淺井惠倫在 1936 年 7 月間在台灣北部和東北部各地所蒐集的平埔族方言資料，包括傳說、故事、歌謠等。其中有一則簡短的傳說是關於矮人的，錄自流流社。今根據淺井未發表的田野筆記，他的記音原有日文翻譯，今改譯爲中文如下（參見李壬癸 1996:143）：

矮人強壯，但個子小。矮人拿梯子採茄子。矮人攜帶弓箭。打仗時躲在牛蹄腳印處。

以上這則傳說雖然很簡短，但是也透露一些重要的訊息。例如，矮人攜帶弓箭。這一點跟陳正希先生（1952）所記錄的賽夏族傳說的矮人相似。

1978 年 4 月我到花蓮新社調查噶瑪蘭語言，記錄了十一則文本（texts），報導（發音）人是七十一歲的李龜劉（ulaw）老先生，可惜都沒有關於矮人的傳說。

（三）鄒族群

鄒語本來有四種方言，其中一種早已消失，現存的三種是達邦、特富野和久美。俄籍學者聶甫斯基（N. A. Nevskij 1981）於 1927 年到阿里山調查特富野方言，記錄了十五種文本，都沒有關於矮人的傳說。董同龢先生（Tung 1964）在 1958 年所蒐集的鄒語資料中就有一些關於矮人的傳說，大部分是在達邦村流傳的，今譯述如下（原語及英譯，請見 Tung（1964:260-267））：

鄒族矮人傳說之一

古時矮人（meefucu）住在黑暗中。如果有人在分獸肉而不夠的話，那就是矮人拿走的。

董同龢（中間）帶領學生（左一管東貴，右一王崧興）到阿里山調查鄒語

鄒族矮人傳說之二

黄昏時有一個小孩不停地哭。他媽媽就對他說，「小孩不停地哭，就把他丟在外頭，讓矮人帶走！」她眞的把他放在外頭，眞的把他留在那兒。剛好矮人把小孩帶走，到黑暗中去了。有人聽到小孩被帶走時的哭聲。

鄒族矮人傳說之三

有一個女人住在Iskiana。她爬上lauea樹去摘樹枝，並把摘下的樹枝丟在地上。矮人就將那些樹枝接了去。她知道矮人會捉她。她不停地喊叫。可是沒人聽得見，沒任何人聽得見。女人沒法子，只好下來。她下來了。矮人捉住她。她滾來滾去。女人從矮人的雙腿中爬過去。矮人放屁。那時他（忍不住）笑出來，也就鬆手了。他一鬆手，她就跑了。他繼續追她，但並沒追上。他就把劍丟向她。

鄒族矮人傳說之四

有一個年紀輕的男孩單獨在家。他獨自一人在家，並不怕矮人。他一個人在家的時間很長。忽然一個矮人進來，用棍棒打。當他的父母從田裡回來，看見小孩已經被吊死在屋子裡。

鄒族矮人傳說之五

Eaazonu族有一個女人懷孕了。她單獨一個在家。矮人把她拖走並帶到很遠的地方去。他在路上拖著她走時，她沿途摘了許多樹。她是要做記號以備逃走時可以認路。矮人也一樣摘了許多樹。她跟矮人過日子時生下了小孩。小孩長大成爲青年人。他常跟矮人去打獵。他母親對他說，「你跟他去打獵，要留意到處看。你看到有山田的地方，那就是我們的老家。」當他看到山田的時候，就告訴他母親。他們舂打小米，做飯包準備逃走。他們準備就緒了。他們忽然逃走，朝曾經看過的山田的方向。他們循著他們曾經走過的路離開。他們看到她摘過的樹。那些再長出來的樹變得粗大了。他們到了一個漢人的家。他（漢人）讓他們躲藏，因爲他擔心他們會被矮人追上。才過了一會兒，在後頭追趕的人就來了。矮人立即問漢人道，「有沒有人經過此地？」漢人說，「有，他們經過這裡好久了。你追趕不上他們的。」矮人坐下來哭，他很傷心。事實上母子那時還躲在漢人的家中。他們再上路了。他們到家時，天已黑了。他們就在茅屋的另一邊吹起竹琴來。她當初留在家裡的那個孩子聽到就說，「那琴聲聽起來像我已過世的母親吹的。」後來大概他們進家裡。其結局我並不清楚。

以上五則都是達邦村的。以下的一則是董先生（Tung 1964:404-405）在久美部落採集的：

鄒族矮人傳說之六

他們管他叫矮人。矮人捉到一個鄒族人，把他裝在麻袋中帶跑了。別人看不到他了。原來是矮人捉到那個鄒族人並把他帶跑了。

鄒族矮人傳說之七

古時在玉山北方，有矮小人種，皆穴居，形如小兒，能藏匿芋葉下；攀登豆莖，莖不斷折；其體雖

小，而臂力極強，又巧使刀槍，曾與布農族爭戰，後不知所往。 （浦 1993:217-218）

鄒族矮人傳說之八

昔有稱Salutsu 的一群蕃人，住於北方的濁水溪之畔，身材矮小，如七、八歲之小孩，其跑步之速，有如飛鳥，住家用石築成，並隨身攜帶弓矢以防護。

又在南方中央山脈之東側，有Kapuluwana或Mehutsu的蕃人居住，身高及屋，體格魁偉而力強，時常出來掠奪小孩、或掠獵獲物等，多作粗暴的舉動。對於這類人不能以力相爭，我們的遠祖稱其爲魔神而畏怖之。

（《蕃俗一斑》，警察本署著：黃文新譯，陳淑靖節錄）

鄒族矮人傳說之九

曾有一次舉行人頭祭的時候，全社的男男女女都參加舞蹈，然節目進行之中來了一個陌生的英俊男子，靠近一少女，搭訕起來。雖然是個不明來路的人，但是，少女爲其秀麗的容貌所迷，如遊夢境般，跟著他走。社人們不放心，從後跟蹤，但是在進入叢林中之後看丟了，遍尋不著。至夜將明，才發現她睡在芒草上。

這是小矮人的惡作劇之一。

（《生蕃傳說集》，佐山融吉、大西吉壽著：余萬居譯，許文綺節錄）

鄒族矮人傳說之十

鄒族所流傳之口碑，稱矮人爲 sayutisu，其傳說如下：

> 身長三尺左右，極輕捷，以前常與鄒族打仗。但鄒人撲向他們時，卻潛伏在草叢中看不見他們，突然又潛近來，切鄒人的後筋。（就是現在也想像他們有時出沒於蕃社外的道路，令過路人傷腦筋。）（伊能 1898）

從以上幾則鄒族（北鄒）有關矮人的傳說，可見鄒族人普遍地存在畏懼矮人的心理，都把矮人當作最可怕的敵人。例如，大人嚇唬愛哭的小孩會被矮人帶走。又如，單獨一人在家時，無論是大人或小孩都有可能被矮人帶走。矮人常躲在暗處，或是隱形人，隨時都可能加害於鄒族人。

南鄒沙阿魯阿也有關於矮人的傳說：矮人族很久以前住在沙阿魯阿族的東南方，也就是現在魯凱族的區域，而且他們有時侵入其他民族的獵區。（小島 1920，卷 4）但是根據鹿野（1932:107）後來的調查，相傳沙阿魯阿的祖先知道有矮人叫做 kavorua，沙族人向南遷移時，那些矮人還住在那一帶。矮人身高三、四尺，鬈髮紅色，住在地洞中，以地瓜和小米爲主食。他們和沙阿魯阿族發生激烈的戰爭之後向東遁走。（Ferrell 1968）

（四）布農

淺井在 1930 年在布農族的巒蕃 katoŋulan 社記錄的一則傳說是有關矮人的。今譯述如下（原語及日譯，請見小川、淺井 1935:598-599）：

布農矮人傳說之一

從前有叫作saðoʔso族和qabiðan族的人。saðoʔso族住在tilapaton，而qabiðan族住在ilito。據說saðoʔso人個子很小，像小孩一樣。因此，他們的家都很小。他們既吃飯，也釀酒喝。起初他們邀請qabiðan族人來喝酒。他們在酒甕中裝滿了黃蜂，而不是酒。qabiðan人一進屋子，saðoʔso人卻打開蓋子，走出屋外，並把門關上。因此，saðoʔso人都沒被黃蜂螫到，而qabiðan人都被螫死了，只剩下一人沒死。

因此，qabiðan要報仇。qabiðan人要招待saðoʔso人。saðoʔso一起去。他們全體走到橋中央時，qabiðan預先埋伏在橋兩端的人就把橋切斷了。橋落下，saðoʔso人並沒放手，隨著水漂流到siʔisi的下方。從此他們就遷移到那邊去住了。

此外，淺井也在丹蕃的丹大社記錄一則有關 saðoʔso 人的傳說（小川、淺井 1935:616-618），內容大同小異。可是，在這一則傳說中述說 saðoʔso 人和布農族的祖先交惡的經過。saðoʔso 邀布農族去喝酒，卻在酒甕中裝糞便。蓋子一打開，臭氣四溢。因此，布農人大怒而去。在 saðoʔso 過橋時，布農人切斷橋，使 saðoʔso 人全部掉落河中。因此開啓了雙方的戰爭。布農人打敗仗，死傷慘重，沒剩下多少人。saðoʔso 只死了四人，原因是他們躲在草叢中射擊，使用極小的彈丸，不易防備，布農族就被打死了很多人。

在這個傳說中雖然沒有說 saðoʔso 是矮人，但是他們能躲藏在草叢中以極小的彈丸打敵人，可見他們身材的矮小了。

布農矮人傳說之二

從前，有一種小矮人，叫做takelili，身高僅三尺左右，雖然勇猛善戰，可是終於敵不過我們的祖先，而渡海逃到對岸去。

另外又有一種小矮人，叫tsalutso，身高也是僅二、三尺，他們看到我們的祖先遷入山中，便逃到平地去。前年，我們到台北觀光時，發現火車站的南邊有一群tsalutso。

（《蕃族調查報告書》武崙族前篇，佐山融吉著；余萬居譯，陳淑靖節錄）

布農矮人傳說之三

從前有個人，身上只有骸骨，完全沒有血肉，每次去打仗，敵人的箭總是由骨縫中穿出，因此每次戰爭，都能全身而退。此外，有個小矮人，名叫tsalutso，身高僅二尺左右。不過，這些人都不算是我們的祖先。

（《蕃族調查報告書》武崙族前篇，佐山融吉著：余萬居譯，陳淑靖節錄）

布農矮人傳說之四

從前，takelitto地方住著一個小矮人，名叫salusso，身高只有二尺，可是爬樹的技巧，連猴子也無法相比，而且一旦躲入樹林或草叢，無人能找到他們。據說，他們就經常躲在樹下，從樹葉的縫隙中伸出刀來殺我們的祖先，所以我們祖先葬身其刀下者不計其數。

（《蕃族調查報告書》武崙族前篇，佐山融吉著：余萬居譯，陳淑靖節錄）

布農矮人傳說之五

古時候，Kalupesupesu來到了今巒大本社附近，發現一個洞裡冒煙，於是Kalupesupesu進洞，洞中蜿蜒曲折，盡頭有個身高僅及兩、三尺的小矮人，Kalupesupesu向小矮人打招呼，並說自己很餓，小矮人便慷慨地拿出許多食物，如laian（紅豆）、米、粟等，都是Kalupesupesu未見過之物。

Kalupesupesu心想這些美味的食物要是能經常吃就好了，於是要求小矮人送一粒種子給他，可是小矮人不同意，便不強人所難。後來他又看到一把punnu，亦即鐵製的矛尖，十分喜愛，可是小矮人又搖頭，不肯給他。Kalupesupesu心中不快，便趁著小矮人不注意時，將laian及punnu偷偷地帶走，拿出洞外。

Kalupesupesu回去後，栽培laian，如今已成爲我們主要糧食之一。至於punnu，也成了傳家之寶，直至大約七十年之前，還在我的祖先toppasu手上。不過當pishiteboan社的ekunaalu巫術高強，聲望很高，toppasu遂將punnu割愛給他，punnu就由ekunaalu的後代保管，但在大正四年（1915）二月左右，南投縣警察課長前來巡視時帶走了。

（《蕃族調查報告書》武崙族前篇，佐山融吉著；余萬居譯，陳淑靖節錄）

布農矮人傳說之六

從前有一種小矮人，稱爲saluso，身高不足三尺，他們經常躲在岩石後或香蕉樹下等隱密處，攻擊我們祖先，因此大家都恨之入骨。

有一次，一群saluso正好行經巒蕃人的田，巒蕃人趁此機會砍了許多saluso人頭。倖免於難的人則逃到現今的pishitepoan之地，燃起烽火，會合各地的saluso人，向巒蕃人復仇。結果巒蕃人不敵，撤軍回到asanlaiga。

可是，巒蕃人想起他們竟敗在不滿三尺的saluso人手下，感到十分恥辱，決定再大幹一場。此時，頭目想到一個計策，就是逢香蕉樹，地瓜藤，木豆枝就一律砍除。終於 saluso 因無所隱蔽而不敵，渡海逃命去了。

（《蕃族調查報告書》武崙族前篇，佐山融吉著；余萬居譯，陳淑靖節錄）

布農矮人傳說之七

布農族居住在濁水溪上游沿岸的 Take-vukun（郡大社）及 Take-vanoroan（巒大社）部族所流傳的關於矮人的傳說：

從前在該部族附近的山中，住著一群叫做sarusoo的矮人。有一天從四周的山中出現許多大蛇，把sarusoo都吃光了。只有一對夫妻躲在芭蕉的葉上而免於難，而且繁衍了許多子孫。從來他們常與布農族交戰，但都很巧妙地躲在樹根或草蔭，不露身影到臨近才襲擊，所以布農族也大爲苦惱。最後sarusoo被擊敗，不能住在該地，也不知他們遷往何處去。（在離巒大社的Tatsipan社不遠處的一個半山腰，留有以粘板岩做的破屋的墟址，像小型的房子。布農族認為是小矮人sarusoo的遺跡。另外，在郡大社地區的一個半山腰上，相傳也有同樣的遺跡。）（伊能 1896）

布農矮人傳說之八

布農族中屬於巒大社的小社，由下毛社到下詩社的途中，在郡溪和巒溪相匯處，所削成的絕壁之頂上，有稍微開展的平地。該處存有一古老之石壁，如廢屋之跡。蕃人說，「是距今三百年前〔筆者按：約在1600年〕矮人居住的地方。我們祖先一來，他們就逃到大海中的小島去了。」（足立 1906）

田雅各（1986）以小說的形式呈現布農族有關矮人侏儒族的傳說。

（五）泰雅族群

1. 泰雅

泰雅矮人傳說之一

古時，pasukowalan溪的兩岸有巨樹，樹枝延伸交錯宛如在河上架了一座橋。有一批小矮人就躲在這樹橋裡強姦了許多婦女。祖先們一怒之下，就把那座橋砍了。當時，死者的靈魂都是渡過此橋到東方去的。

（《蕃族調查報告書》太么族後篇，佐山融吉著；余萬居譯，許文綺節錄）

泰雅矮人傳說之二

古時有一種小矮人，叫做shinshingu，他們的個子非常小，即使勉強爬上樹幹，也無法伸手摘取果實。但是，他們卻時常腰佩大刀，危害人類。我們即是以木豆之名，稱他們爲shinshingu。

（《蕃族調查報告書》太么族後篇，佐山融吉著；余萬居譯，許文綺節錄）

泰雅矮人傳說之三

泰雅族所流傳的口碑，稱矮人爲 misinsigot。其傳說如下：

在遙遠的山後，身材矮短，約三尺左右（指自腰邊到腳底來形容），有弓、箭、鑄模等武器，潛伏於草莽間，有時襲殺泰雅，其身手極矯捷。（伊能 1898）

2. 賽德克

賽德克矮人傳說之一

從前，有個地方有一大群mushingushikogotsu（侏儒）。有一次，社人出去打獵，在搭蓋的小屋睡覺，侏儒由樑上丟下刀來殺了社人。後來又一次，把屋樑折下殺了社人。於是社人決心報復，又到那裡蓋了小屋，然後暫時離開。回去後發現屋樑被折下，知道侏儒來過。於是個個頭蒙蕃布，手持一棍，嚴陣以待。當侏儒再度進入屋內時，結果全被殺戮。後來又有一次，又有侏儒前來想要破壞小屋，社人們出其不意把小屋弄倒，壓殺了他們。自此以後，就沒有人見過侏儒。

（《蕃族調查報告書》紗績族後篇，佐山融吉著；余萬居譯，陳淑靖節錄）

賽德克矮人傳說之二

那邊的山後下方，曾有侏儒族sinso:ŋot存在過。他們體小，只及常人胸部，但他們的刀很長。一日，我部族前去獵頭，他們在後追趕。入夜本族人進小屋睡，並在附近生火。那些小人砍小屋的柱子，屋倒壓住了本社人，而小人趁機割了他們的肚子，甚至連肝也吃了。本社人又前去獵頭，有了上次教訓，人們以木頭詐騙放在小屋裡。如出一轍，他們又來砍掉柱子，當他們正要入屋時，人們放箭，將他們全部殺死了。

（《原語による台灣高砂族傳說集》，頁570-72，小川尚義、淺井惠倫著；余萬居譯，陳淑靖節錄）

（六）魯凱

魯凱矮人傳說之一

tamaolono-lipalasau是個小矮人，善於捕捉任何獵物，他與uluvai-talialo結了婚。兩人體型一大一小，但在大白天交媾，甚至別人看見也不在乎。

（《大南社》，余萬居譯，王永馨節錄）

魯凱矮人傳說之二

傀儡族（魯凱）所流傳的口碑，稱矮人爲 ngutol，一半加上想像，其傳說如下：

以前，南邊的深山中住著身材矮小的蕃人，眼睛長在膝蓋，不在頭部，常出來和傀儡族交戰。但由於他們白天眼睛看不到，所以常失敗。可是入夜後眼睛就發亮，令傀儡族人大爲苦惱。（伊能 1898）

（七）排灣

費羅禮（Ferrell 1982:185）在他的《排灣詞典》中有這一段說明：

排灣矮人傳說之一

傳說中的矮人（ŋəDəl），據說住在土坂村附近的山上。他們分布均勻，對排灣人友善，而且和他們通婚往來。他們逐漸消失，或被週圍的族群所同化。

（註：雖然沒有科學的證據，但是在太平洋群島這種小矮人的傳說卻很普遍。）

此外，Egli（1989:264-265）在他的《排灣的傳說與神話》（德文）中也有一篇記錄有關矮人的傳說：

排灣矮人傳說之二

矮人族和Tsimu族都是人，他們就住在一般人的附近。矮人個子小，不和一般人通婚。矮人只和矮人結婚。起初他們兄妹（或姊弟）結婚，生下的子女卻沒有鼻子和耳朵。他們（近親）結婚了很久的時期之後，才慢慢變成正常的人。

Tsimu族人沒有宗教信仰，甚至連語言也沒有。他們說話時，只會發出「叮、叮、叮」這種響聲！他們居住的地方並不好。然而，他們也有田園，蓋房子，和使用工具。可是他們常常生病，他們的生活也多災多難。他們常常有一些禁忌（parisi）活動，可是卻做得不對。因此，他們從前居住的地方就是禁忌之區。他們什麼也不懂，也沒任何宗教信仰，這些才導致他們那樣。

他們從前居住的地方就在泰坂和土坂兩村之間的邊界地帶，今日我們仍能看到一些殘留的遺跡。

排灣矮人傳說之三

Sugudul（矮人）來自東方的Chajagatoan（太痲里番），在kowabaru（subon番）社的下方住了兩年左右，離去下到西方的平地。他們身材頗短。據說他們出去打獵時，捉山羌，並將牠扛在肩上回去。但因野獸的背脊拖在地上，所以，回到家時，背部的毛都磨光，赤裸裸地。

（kowabaru社所傳，小島 1920.5.1:185）

排灣矮人傳說之四

在本社之東南山上叫Sabuchibichikan的地方，有昔時住過Sugudul（矮人）的痕跡。

（Rikiriki社所傳，小島 1920.5.1:185）

排灣矮人傳說之五

我們的祖先開始住本地時，Sugudul（矮人）已經棲住在此地了。……他們住在石造的家，與我們同樣地也耕種小米、芋頭和甘藷。同時獵山羌，也到其他的蕃社出草。而他們在各地居住後，朝北方離去。也就是說在chakau山的北面、chukurui山、kojinah山、barobaro山、bukkukus山等可看到他們的遺跡。據說都是Sugudul的舊社，認爲是parisi（禁忌之意）而不敢靠近。就是在現在，據說社民之小兒有陰莖腫的幼兒時，巫師拿著叫jiakao（用於祈禱的樹之果實），前往其遺跡祈禱的話，馬上就痊癒。

（Subon 社所傳，小島 1920.5.1:185）

排灣矮人傳說之六

往昔有叫Sugudul的矮人種族。其身長雖僅二、三尺，但體力極強。本族起初碰到他時，都以爲是小兒，但看到其婦女把乳房伸出讓幼兒吃奶的情形後，才知他們是成年人。他們原來住在台東的海岸，越過中央山脈，常常被本蕃的Maripa社所仇恨。那時Maripa社民不堪他們的攻擊，而返回內文社。其後Gudul經過Maripa，而向西南恆春方面而去。

（內文社所傳，小島 1920.5.1:186）

又據鹿野忠雄（1932）調查所得，在太麻里蕃 Toabaru 社及太麻里，也流傳矮人 Guru 之傳說。後者傳說體長三尺，住在石造之房屋，有石壁。

(八)阿美

阿美矮人傳說之一

根據鹿野(1932)的調查,「在阿美族和平埔族之間流傳著在中央山脈的山腳,曾經居住許多矮人。據說那些矮人曾經非常有勢力,他們住在中央山脈的高台上,令阿美族和平埔族深感苦惱。」

阿美矮人傳說之二

在馬太鞍之南一里半的 Okakai 社,其頭目在日治初期(20 世紀初)曾口述有關矮人的事跡:

> Okakai社附近的土地,曾是矮人的領有地。曾祖父的時代與矮人大激戰後,好不容易才把矮人殲滅,而建立該番社。矮人善用弓,而且持有三根竹合在一起的強弓,箭頭是石製,爲了安裝在弓柄,中央有圓孔。另外有一些陶器。(鹿野 1932)

據說口述人出示從矮人搶奪來的一些物品。更妙的是,鹿野後來在花蓮港平林的遺址,發掘到許多跟上面所說完全相同的箭頭。至於這些是否就是矮人的遺物,尚待進一步研究。

（九）邵族

邵族的石阿松先生

1996年1月我在日月潭德化社調查邵語時，才從石阿松先生的口述，蒐集到邵族有關矮人（Slilitun）的一則傳說，大意如下：

邵族矮人傳說

從前水沙連（ðintun）的邵族人口很少，矮人常來侵佔潭這裡的土地。他們挖掘崙龍（tibabu）山，想要放乾日月潭的水，流到頭社（ʃtafari）那邊去，也要做一個潭。頭社原來都是矮人住的地方。邵族發現後加以勸阻，他們卻都不聽。於是，雙方發生衝突。邵族把矮人打敗了，追趕到他們的部落，他們就四散奔逃走了。從此，頭社也爲邵族人所佔領，矮人也就消失了。早先矮人很惡劣，常做陷阱或挖地洞，埋伏在洞中以槍刺殺邵族人，邵族因而死傷不少人。

上面這一則傳說中，說明矮人和邵族人爭潭水，矮人只顧自己的利益，不顧別人的死活，他們生性狡猾，常躲在暗處襲擊邵族，最後終於被邵族所擊潰而消失。這種傳說和其他各族相關的傳說頗多相似之處。

（十）綜合說明

以上從北到南有泰雅（包含賽德克）、賽夏、噶瑪蘭、阿美、邵、布農、鄒（包含沙阿魯阿）、魯凱、排灣等各族，都有關於矮人的傳說，其中以賽夏、鄒、布農、排灣四族的資料較多。在地理上幾乎遍布於全台灣。目前我還沒有蒐集到卑南族有關於矮人的傳說，也就是缺少在台灣東部的局部資料。至於西部平埔族，因過去的記錄太少，缺少矮人傳說的資料並不足爲奇。就現有各族的傳說內容看來，差異不小，因此這些傳說似乎不是傳播擴散的結果。傳說中的矮人，他們的生活方式比南島民族還要原始，例如，住在山洞中。他們對這些晚來或外來的民族大都懷有敵意，因此各族對他們都感到畏懼，必須小心提防。有些族，包括賽夏和布農，在傳說中處心積慮地要把他們趕盡殺絕，以至於使他們完全消失了。有些族，包括賽夏和排灣，卻又明說族人和矮人通婚，所以也有友善的一面。

誠然，傳說和史實畢竟不同。傳說一定有一些誇張或超人的成分。例如，有些傳說矮人身長只有二、三尺。又如，鄒族傳說中的矮人像隱形人一樣，平常用肉眼看不到他們。傳說中又加上一些神秘的色彩。

「矮人」這個名詞，各族的稱呼顯然都不同：泰雅管他們叫 sisiŋu（或 siguc），賽德克叫 sinso:ŋot，賽夏叫 taʔay

或 kathithil，北鄒叫 meefucu 或 sayutisu，沙阿魯阿叫 kavorua，布農叫 saðoʔso，噶瑪蘭叫 ziŋit，魯凱叫 ŋutol，排灣叫 ŋəDəl（Ferrell 1982:185）, sugudul, guro，邵族叫 ʃlilitun 等。這些詞形差別都相當大，不像是同源詞。這似乎意味著這些傳說是後起的，只是近幾百年來才有的，不是古南島民族幾千年就有的文化成分。

三、文獻記載[3]

台灣有較可靠的文獻記載的距今還不到四百年。中文的文獻記錄，有關矮人記載的至少有以下幾種。高拱乾（1694：189）在他撰寫的《台灣府志》卷七〈風土志〉中的「土番風俗」篇中有這一段記載：

> 再入深山中，人狀如猿猱，長不滿三尺，見人則升樹杪。人欲擒之，則張弩相向，緣樹遠遁。亦有鑿穴而居，類太古之民者。性好殺人，取其頭，剔骨飾金懸於家，以示英雄。又有一種，見生父年老，將父懸於樹，聽其殺去；獲之者，繫一豕以易之。

---

❸ 謝劍先生指出，宋朝朱彧在他所著的《萍州可談》有關於昆侖奴的記載，包括黑膚、矮身、鬈髮、突眼瞼等，並謂來自鬱林以南（今越南）。因限於時間，尚未查原書以便引用原文。

上面所引的前半段話：「長不滿三尺，……鑿穴而居」似乎指的就是小矮人。後半段的描述對象似乎指的是早期南島民族的習俗：「殺人，取其頭，……以示英雄。」如果這一段記錄是正確的史料，而不僅是傳聞的話，那麼在三百年前還有人在台灣看到矮人了。但也有可能只是根據當時土著民族的傳說，卻把它當做史實一般地記載下來。

在同一時期親自到台灣採訪的郁永河（1697:32-33），在他的《裨海紀遊》中也有一段類似的記載：

> 諸羅、鳳山無民，所隸皆土著番人。番有土番、野番之別：野番在深山中……，蓋自洪荒以來，斧斤所未入，野番生其中，巢居穴處，血飲毛茹者，種類實繁，其升高陟巔越箐度莽之捷，可以追驚猿，逐駭獸，平地諸番恆畏之，無敢入其境者。……其殺人輒取首去，歸而熟之，剔取髑髏，加以丹堊，置之當户，同類視其室髑髏多者推爲雄。

上面這一段話明指的是「生番」，獵人頭也是南島民族的早期習俗，但深山中族群「種類實繁」，我們無法確知其中「巢居穴處，血飲毛茹者」是否含有小矮人。對於郁永河而言，畢竟那些話都只是傳聞，並非他親眼所見。

稍晚成書的《鳳山縣志》（1719）也有這一段記載：

> 由淡水入深山，蕃狀如猿猱，長僅三、四尺，語與

外社不通，見人則升樹杪，人視之則張弓相向。

上面這一段可能抄自上面所引的《台灣府志》。

根據《台灣縣志》（康熙59年，1720:89, 206），在台南、鳳山地區有關於「烏鬼」（指小黑人）遺跡的記錄：

> 烏鬼橋，在永康里，紅毛時烏鬼所築……。烏鬼井，在鎮北坊。紅毛所築。水源甚盛，雖大旱不竭，先是紅毛命烏鬼鑿井……

盧德嘉所著《鳳山縣采訪冊》（1894:22, 31）也有關於烏鬼的記載：

> 烏鬼埔山，在觀音里……相傳紅毛時，烏鬼聚居於此，今遺趾尚存。樵採者常掘地得瑪瑙珠、奇石諸寶，蓋荷蘭時所埋也。
>
> 小琉球嶼，上有石洞，在天台澳尾。相傳舊時烏鬼番聚族而居，頷下生鰓，如魚鰓然，能伏海中數日。後泉州人往彼開墾，番不能容，遂被泉州人乘夜縱火，盡燔斃之，今其洞尚存。

黃叔璥所著《台海使槎錄》（康熙61年，公元1722年）中的〈番俗六考〉有這一段記錄：

龜崙、霄裏、坑仔諸番，體盡矮短，趨走促數，又多斑癬狀，如生番。

如此說來，早年清代的中國文獻關於矮人傳說的也有好幾種。其中有的雖非明言矮人，但據其描述內容，似乎是指矮人。伊能嘉矩和足立文太郎都認爲，這些中文文獻上的「烏鬼」，不像是荷蘭人從非洲帶來的黑奴，而是在台灣世居的 Negrito。因爲他們既然在山中或島嶼「聚族而居」，甚至與漢人移民對抗，就不太可能是零散從外地帶來的黑奴。

十八世紀上半，荷蘭東印度群島傳教士 Francois Valentyn 記載，在台灣的山中住有一種黑人，名叫 Jaramokkus。（伊能 1904）

早期荷蘭文獻有沒有關於矮人的記載，尚有待進一步查考。我查過 W.A. Pickering（1898）: *Pioneering in Formosa*；George Leslie Mackay（1896）: *From Far Formosa*；William Campbell（1903）: *Formosa Under the Dutch* 等這幾部在十九世紀下半所著的書，都沒有提到矮人。同一時期，先後有好幾位西方人士在台灣探險旅行，包括 R. Swinhoe 於1856-1866 年間，Cuthbert Collingwood 於 1866 年，H. Kopsch 於 1867 年，E.C. Taintor 於 1869 年，J. Thomson 於 1871 年，B.W. Bax 於 1872 年，T.L. Bullock 於 1874 年，Steere 於 1874 年，M. Beazeloy 於 1875 年，Arthur Corner 於 1876 年，前後二十年間在台灣各地探險旅行，也都沒有關於矮人的傳聞或記載。（以上參見劉 1988, 1989, 1992 的中文翻譯）

四、討論

台灣南島民族關於矮人的傳說都有一些共同特徵，這些特徵和太平洋島嶼上普遍流傳的矮人傳說大致也相同（Ferrell 1968, Luomala 1951:69, 73）。這些特徵包括：

（一）矮人都住在山中、森林中或偏僻的地區。

（二）矮人都住在山洞中或地下。

（三）矮人大都集體地住在同一間房子。他們有的房子用粘板岩建造。

（四）矮人個子特別矮小，膚色黑，有的據說鬈髮。

（五）矮人善於使用弓箭：強弓而且箭頭用石頭、獸骨或鐵所製作。他們有的使用陶器。

（六）矮人獵野獸。有的出草。

（七）矮人雖然矮小，但身體強壯，行動敏捷，神出鬼沒，令人難以捉摸，上下樹如猿猴，又善於游泳。

（八）矮人有高明的技術和手藝，如農墾、石工、刺繡等。他們種芋頭做爲食物。

（九）矮人愛唱歌。

（十）矮人懂法術，並有超人的能力。

（十一）矮人對人尚稱友善，但有時也會惡作劇，以至貪婪、任性或好色。

（十二）矮人在各地都是早於南島民族的眞正原住民。

（十三）許多台灣南島民族，都有一段時期被這些矮人所困擾，但最後都把他們殲滅了或趕走了，到別處去了。

（十四）矮人在各地幾乎都已消失了，只有少數地方可能還有殘留或遺跡。

至於這些傳說中的矮人，是虛構的還是史前時代眞有那種人？一般人和學者都可能有不同的意見和看法（參見高1694，伊能 1898, 1906，鳥居 1901, 1907，足立 1906，鹿野 1932，林 1956:52，Ferrell 1968 等）。人們常把這些傳說中的矮人和在東南亞地區的小黑人（Negrito）聯想在一起。這種做法，有沒有可議之處？有沒有事實根據？有沒有科學的證據？這個問題尚待進一步收集更多各種相關的資料，再做更仔細的探討。

——原載《中國神話與傳說學術研討會論文集》，1996年

參考書目

小島由道，河野喜六

1915-20 《番族慣習調查報告書》，8卷。台北：臨時台灣舊慣調查會。

小川尚義、淺井惠倫

1935 《原語による台灣高砂族傳説集》。台北帝國大學言語學研究室。

王禮

1720 《台灣縣志》。台灣文獻叢刊第一○三種。

尹建中

1994 《台灣山胞各族傳統神話故事與傳說文獻編纂研究》。國立台灣大學人類學專刊第二十種。

田雅各

1986 侏儒族，《自立晚報》元月。收入《悲情的山林》，吳錦發(1987) 編，頁175-192。台北：晨星出版社。

伊能嘉矩

1898 台灣に於ける蕃人の想像する矮人，《東京人類學雜誌》13.149:427-429。

1904 《台灣番政志》。台北。

1906 台灣の土蕃に傳ふる小人の口碑に就て，《東京人類學雜誌》11.124:82。

足立文太郎

1906 台灣土棲の土人（ニグリートー）に就て，《東京人類學雜誌》32.249:83-88。

佐山融吉

1913-21 《蕃族調查報告書》。台北：臨時台灣舊慣調查會。

佐山融吉、大西吉壽

1923 《生蕃傳說集》。台北：杉田重藏。

李壬癸

1992 台灣平埔族的種類及其相互關係，《台灣風物》42.1:211-238。

1993 賽夏族矮人祭歌詞重探，《中央研究院歷史語言研究所集刊》64.4:891-933。

1996 《宜蘭縣南島民族與語言》。宜蘭：宜蘭縣政府。

余萬居譯

1985 《大南社》。未出版。（中研院民族所）

宋龍飛

1982 台灣的小黑人，《藝術家》14.2:156-163。

林衡立

1956 賽夏族矮靈祭歌詞，《中央研究院民族學研究所集刊》2:31-107。

胡台麗、謝俊逢

1993 五峰賽夏族矮人祭歌的詞與譜，《中央研究院民族學研究所資料彙編》8:1-77。

郁永河

1697 《裨海紀遊》。台灣文獻叢刊第一輯。

凌純聲

1956 中國史志上的小黑人，《中央研究院院刊》251-267。

浦忠成

1993 《台灣鄒族的風土神話》。台北：台原出版社。

高拱乾

1694 《台灣府志》。台灣省文獻委員會編印。

黃叔璥

1722 《台海使槎錄》。台灣文獻叢刊第四種。

鹿野忠雄

1932 台灣島に於ける小人居住の傳說，《東京人類學雜誌》47.3:103-116。

陳正希

1952 台灣矮人的故事——又名殲矮記，《台灣風物》2.1:29-30, 2.2:25-28。

鳥居龍藏

1901 台灣に於ける小人の口碑，《東京人類學雜誌》17.188:75-76。

1907 台灣の小人はニグリ—ト—ならしか，《東京人類學雜誌》22.252:215-219。

盧德嘉

1894 《鳳山縣采訪冊》。台灣文獻叢刊第七三種。

台灣省文獻委員會編

1965 《台灣省通志稿》卷八同冑志。

臺灣總督府警察本署編

1916 《蕃俗一斑》。台北。

劉克襄

1988 《探險家在台灣》。自立晚報文化出版部。

1989 《橫越福爾摩沙：外國人在台灣的探險與旅行》。自立晚報文化出版部。

1992 《後山探險：十九世紀外國人在台灣東海岸的旅行》。自立晚報文化出版部。

聶甫基（N.A. Nevskij）著，白嗣宏、李福清（Riftin）、浦忠成譯

1993 《台灣鄒族語典》，譯自莫斯科出版的俄文本(1981)。台原出版社。

Egli, Hans

1989 *Mirimiringan: Die Mythen und Märchen chen der Paiwan.* Verlag Die Waage Zürich.

Ferrell, Raleigh

1968 Negrito ritual and traditions of small people on Taiwan, in Matsumoto and Mabuchi (eds.), *Folk Religion and World View in the Southwestern Pacific*, 63-72. Tokyo: Keio University.

1982 *Paiwan Dictionary*. Pacific Linguistics C-73. Canberra: The Australian National University.

Li, Paul Jen-kuei

1978a A comparative vocabulary of Saisiyat dialects. *BIHP* 49.2:133-199.

1978b The case-marking systems of the four less known Formosan languages, In S.A. Wurm and Lois Carrington, eds, *Second International Conference on Austronesian Linguistics: proceedings*, 569-615. Canberra: Pacific Linguistics. (Pacific Linguistics C-61).

Luomala, Katharine

1951 *The Menehune of Polynesia and Other Mythical Little People of Oceania*. Bernice P. Bishop Museum Bulletin 203. Honolulu.

Tsuchida, Shigeru

1964 Preliminary reports on Saisiyat: phonology, *Gengo Kenkyu* 46:42-52.

Tung, T'ung-ho 董同龢

1964 *A Descriptive Study of the Tsou Language, Formosa*. Institute of History and Philology, Academia Sinica, Special Publications No.48.

第二部
維護與發展

彰邑東螺西螺大
武郡半線等社娶
彰迎婦名為牽手

從物種和種族的多樣性看台灣的重要性[1]

一、台灣地景和物種的多樣性

多樣性是人類生存和發展的重要關鍵。我們在台灣生活的人應該感到很幸運，台灣的地景、物種和人種都極具多樣性，是其他地區無法比擬的。

台灣的地理位置是在歐亞板塊和太平洋板塊的交接處，因此具有各種自然地形和景觀：高山、丘陵、臺地、盆地、平原、河流、海岸、深海、島嶼等各種地形。火山、溫泉、地震等地殼活動的現象又特別活躍。就因爲台灣地景的多樣性，才孕育出生物的多樣性。台灣陸地僅佔地球的萬分之2.5，但物種（species）數量卻佔全球的2.5％，是世界上所有國家平均值的四百倍。台灣海域海洋生物的物種更是全球的十分之一（陳郁秀等 2007:71）。

台灣的物種含有極高比例的特有種：哺乳類64％，鳥

---

❶ 本文係作者 2008 年在美國宜蘭同鄉會的專題演講修改而成。

類 19%，爬蟲類 32%，昆蟲類 60%，兩棲類 31%，淡水魚 16%，植物 25%。以實際的數量來說，台灣哺乳類的特有種約有 44 種，鳥類的特有種有 15 種，淡水魚的特有種有 34 種，爬蟲類的特有種約有 28 種，昆蟲類的特有種約 11,500 種，植物的特有種約有 1,060 種（陳郁秀等 2007:71-75）。

具體地說，台灣擁有這些胎生的野生哺乳類動物：猴、熊、豹、鹿、野豬、穿山甲等。這些胎生的哺乳動物只在華理士分界線（Wallace line）以西的地區才有。台灣的植物，包括竹、稻米、小米、甘蔗、松、姑婆芋、山蘇、白茅、籐、魚藤、咬人狗、菝葜、野棉花、樟等，有些是華理士分界線以西才有的植物。台灣的地理位置剛好是在華理士分界線以西，而菲律賓群島除了 Palawan 島以外，都在華理士分界線以東，就缺少這些動、植物。

生物的多樣性提供人類生活和生存所需的各種資源。

根據達爾文的演化論（Darwin 1859），物種愈多樣、種屬的差異性愈大，其存活的機遇率也愈高。人類生活的自然生態環境愈多樣，對人類的生存也就愈有利。凡是在台灣生活的人，都要好好地珍惜台灣這塊土地上的物種多樣性，台灣才有希望，才有前途。在亞洲、太平洋地區，很難找到比台灣更適合人類居住的地方。可是受到各種人爲因素的破壞，我們生活的環境遭受嚴重的破壞，許多物種都在快速消失中。台灣超過 15%的淡水魚和 5%的哺乳類動物，已在過去五十年內消失。生物消失的原因，包括棲地破壞、外來入侵種、環境污染、人口過多、過度利用等等。保護生物的多樣性人人有責。我們居住在台灣的所有人都有必要改變生活的方式和態度，要節約能源，愛護野生動、植物，不放生、不吃野味和稀有魚類。我們要大家一起來，共同努力，維護台灣的自然環境和生物的多樣性。

二、台灣種族和語言的多樣性

台灣至少在二萬年前就已有人類在這裡活動了。因爲現存資料太少，今日無法判定他們屬於哪一個民族。不過，過去五、六千年來一直在台灣居住的，可以確定都是屬於南島民族，這個民族遍布於太平洋和印度洋各群島。經過這幾千年來的發展和分化，台灣南島民族在台灣本島上已經分化爲約二十種不同的族群，有的住在山地，如泰雅、布農、鄒、魯凱、排灣等，而有的住在平地，如阿美、噶瑪蘭、西拉雅等。從他們的語言可以看出他們的差異性非常大，遠非其他地區，包括菲律賓、馬來西亞、印尼等地，所能比擬。菲律賓、馬來西亞、印尼每個地區的族群或語言的總數比台灣多很多，但是就語言現象的多樣性而言，台灣卻遠超過他們。這是國際南島語言學界普遍承認的事實。

族群和語言的多樣性有什麼特殊意義呢？語言學大師Edward Sapir 於 1916 年提出這樣的概念：語言最紛歧的地區就是一個民族或語群的擴散中心。他用這個方法來推斷美洲各種印地安民族（如 Athapascan 語族和 Algonquian 語族）的起源地。俄國植物學家 Vavilov（1926），也用同樣的原理推測各種人工栽培植物的起源地。因此，國際知名的各領域研究南島民族的學者（如語言學者 Robert Blust，考古學者 Peter Bellwood，遺傳學者 Alicia Sanchez-Mazas 等）都認爲，台灣很有可能就是古南島民族的起源地（homeland）。

思想不能脫離語言而存在。語言愈紛歧，思想體系和思考模式也愈多樣，我們的生活也就愈多采多姿和有豐富的內涵。

台灣南島語言現象的紛歧和多樣性，可以數詞爲例來做較詳細的說明。大家所熟悉的語言，如漢語和英語，都是採用十進法，絕大多數台灣南島語言雖然也採用十進法，但是平埔族巴宰（Pazih）語卻是採用五進法：6 到 9 是 5+1, 5+2, 5+3, 5+4。賽夏語的 7 是 6+1，這是其他地區都找不到的例子。泰雅語群（包括泰雅和賽德克）和邵語的 6 是二個 3（2x3），8 是二個 4（2x4），賽夏語和西部平埔族群語言（包括道卡斯、貓霧捒、西拉雅）的 8 也是 2x4。數詞 10 以下的除了用加法和乘法表示以外，還有用減法：賽夏、邵和兩種西部平埔族群語言（道卡斯、貓霧捒）的 9 是 10-1。有趣的是，賽夏語的數詞 20（Sa-m'iLaeh）是指「一個完整的人」，按：每一個人全身共有 20 個手指和腳趾；法語的 80 是 4x20，也是同一道理。這就是說，南洋群島上千種南島語言各種數詞的系統，在台灣都可以看到，甚至在其他地區看不到的，在台灣也可以看到。請看下列二表：

表一、台灣南島語數詞系統對照表

語言	數詞
巴宰	1, 2, 3, 4, 5, 5+1, 5+2, 5+3, 5+4, 10
賽夏	1, 2, 3, 4, 5, 6, 6+1, 2x4, 10-1, 10
泰雅、賽德克	1, 2, 3, 4, 5, 2x3, 7, 2x4, 9, 10
邵	1, 2, 3, 4, 5, 2x3, 7, 2x4, 10-1, 10
道卡斯、貓霧捒	1, 2, 3, 4, 5, 6, 7, 2x4, 10-1, 10

表二、台灣南島語數詞對照表

	巴宰	賽夏	泰雅	邵	道卡斯	貓霧捒
1	ida	'aehae'	qutux	taha	taanu	na-ta
2	dusa	roSa'	'usa-ying	tusha	dua	na-roa
3	turu	toLo'	tu-gal	turu	turu	na-torro-a
4	supat	Sepat	sapaat	shpat	lupat	na-spat
5	xasep	Laseb	ima-gal	rima	hasap	na-hup
6	xaseb-uza	SayboSiL	ma-tuu'	ka-turu	takap	na-taap
7	xaseb-i-dusa	SayboSiLo 'aehae'	pitu	pitu	pitu	na-ito
8	xaseb-i-turu	ka-Spat	ma-spat	ka-shpat	maha-lpat	maa-spat
9	xaseb-i-supat	Lae-'hae'	maqisu'	ta-na-thu	ta-na-so	na-ta-xa-xo-an
10	isit	langpez	magalpug	makthin	ta-isit	tsixit

三、宜蘭縣境內的南島民族

台灣是一個多族群的社會，宜蘭縣就是台灣的一個縮影。因爲宜蘭縣境內就有漢民族和南島民族，而其內部就包含好幾種不同的族群，包括泰雅（Atayal）、噶瑪蘭（Kavalan）、凱達格蘭（Ketangalan）、猴猴（Qauqaut），以及從西部平原遷移進來的五種平埔族：道卡斯（Taokas）、巴玻拉（Papora）、貓霧拺（Babuza）、洪雅（Hoanya）、巴宰。除了泰雅族以外，所有的平埔族如今都已完全漢化了，已經分不清漢族和南島民族。我們相信這些平埔族各族群的基因大都流傳下來，今日還留在蘭陽平原上所謂漢人的血液中。

宜蘭縣境內的南島民族，包括住在山地的泰雅族和平地的幾種平埔族：噶瑪蘭族，凱達格蘭族的一支哆囉美遠（Trobiawan）人，以及猴猴族。此外，還有從台灣西部陸續遷移過來的平埔族，包括道卡斯、巴玻拉、貓霧拺、洪雅、巴宰等族，先是在 1804 年來了一批，有一千多人，但後來只是零星三五成群地陸續遷入羅東和三星的阿里史及蘇澳附近的巴賽等地，稱爲「流番」。

從考古遺址出土的器物，用碳 14 測定年代，最早在蘭陽平原定居的南島民族大約在距今約四千二百年前，是大竹圍遺址（礁溪）。其次是丸山遺址（冬山丸山村），距今約 2000 至 3500 年前。第三批在蘭陽平原上定居的是噶瑪蘭族，距今可能在一千三百年以前。後來在台北縣貢寮鄉一帶定居的凱達格蘭族，在距今約四百年前，有一支叫作哆囉美遠的人也遷移到蘭陽平原沿海部分地區，包括社頭（今壯圍鄉大福村附近）、里腦（冬山鄉補城村）等地。大約二百多年前，猴猴族大概從花蓮立霧溪逐步遷移到南澳、南方澳，再向北遷至猴猴社區，直到十九世紀末就完全消失了。

在宜蘭縣境內的泰雅族，原先在南投縣仁愛鄉發祥村（瑞岩）定居，大約二百五十年前開始向北和向東擴散。泰雅族遷移到宜蘭縣境內的南澳鄉和大同鄉各村，最早的距今還不到二百五十年，最晚的是一百多年前。泰雅語也有很多不同的方言，其中以大同鄉的四季村（Skikun）和樂水村碼崙（Mnawyan）方言最具有特色。

宜蘭縣境內各族群遷入的先後次序、年代及來源大致如下：

1. 噶瑪蘭族：大約一千三百年前，來自台灣東部。
2. 哆囉美遠人：大約四百年前，來自台灣北部。
3. 猴猴族：近三百年前（最先到大南澳，再到南方澳，然後才到蘇澳）。
4. 泰雅族：大約二百五十年前，來自南投縣山地。
5. 漢族：大約二百一十年前（吳沙於嘉慶元年（1796）率衆入宜拓墾）。
6. 西部平埔族：二百年前（潘賢文於嘉慶九年（1804）率「諸社番千餘人越內山，逃至五圍」），來自台灣西部。

這些族群的遷入宜蘭，不僅年代有先後，而且來源和方向也各有所不同。

蘭陽平原清代有 36 社（部落），後來加上巴賽。西勢（溪

北 *Xi-Xa-im-imis*）有 20 社，東勢（溪南 *Xi-tib-tibuR*）16 社。蘭陽平原許多地名原來都是噶瑪蘭語，都有意思。

西勢（溪北*Xi-Xa-im-imis*）20社如下：

1. 打馬煙 *Xi-zamamar*「火」
2. 哆囉美遠 *Xi-ptubliawan*「人丁眾多」
3. 抵美簡 *Xi-ptubkan*「浮地」
4. 奇立丹 *Xi-mazittan*「溫泉」或「鯉魚」
5. 抵百葉 *Xi-ptubayal*「熱地」
6. 流流 *Xi-mraurau*「細長」
7. 奇立板 *Xi-tuppan*「砂」
8. 麻里霧罕 *Xi-malibuqan*「人名」
9. 抵美福 *Xi-tamihok*「雞的名產」
10. 辛仔羅罕 *Xi-salawan*「渡船」
11. 擺離 *Xi-pailil*「織布名產」
12. 珍仔滿力 *Xi-ptubkan*「公平」
13. 瑪立丁洛（即蘇支鎮落）*Xi-mazittan*「低地」
14. 辛仔罕 *Xi-xinnahan*「溪邊」
15. 武暖 *Xi-banur-an*「斑鳩之地」
16. 都美都美 *Xi-ptub-tubi*「老藤」
17. 踏踏 *Xi-taptap*「無水之地」
18. 哆囉岸 *Xi-tarozangan*「鹿仔樹（構樹）」
19. 瑪僯 *Xi-tamalin*「祭獻」
20. 淇武蘭 *Xi-banur-an*「斑鳩之地」

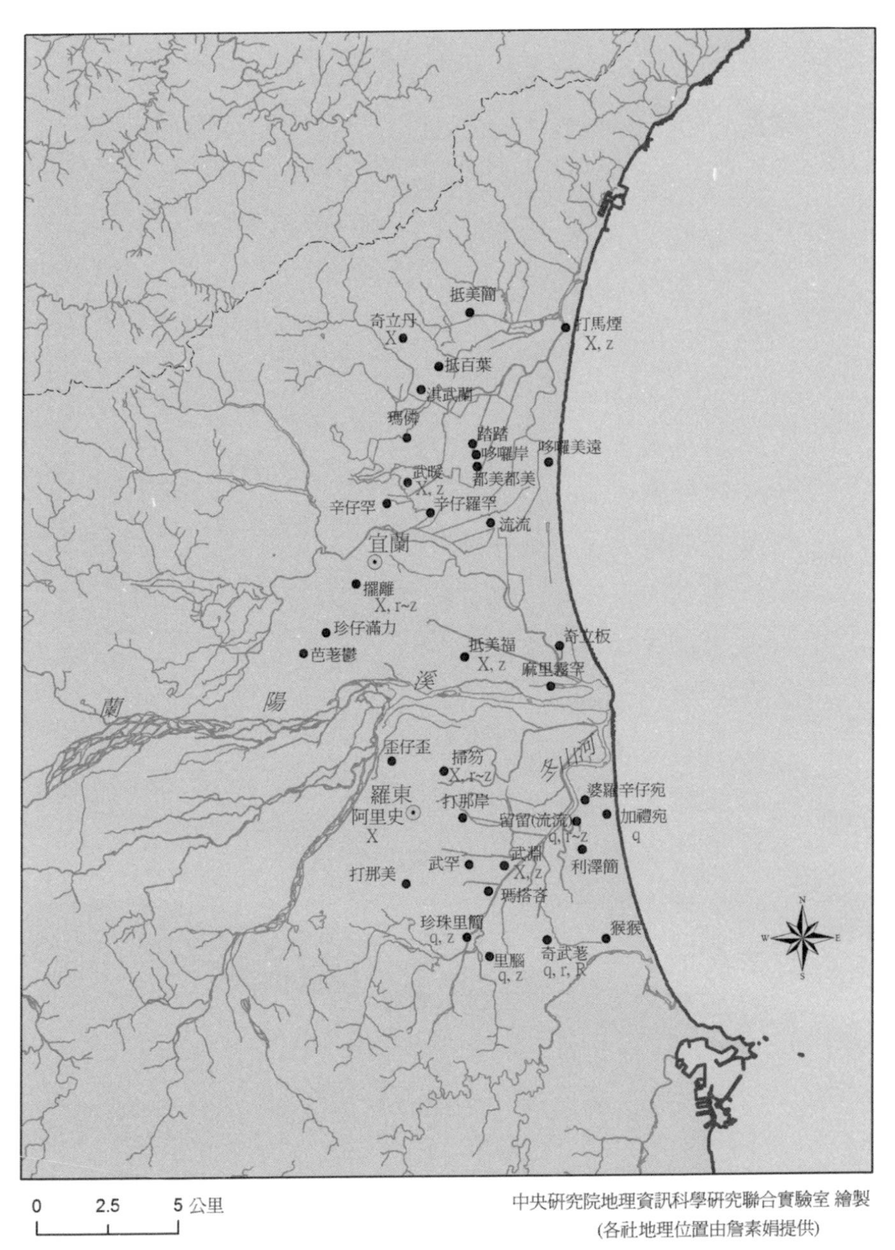

19世紀初宜蘭平原之噶瑪蘭村落

東勢（溪南*Xi-tib-tibuR*）16社：

21. 奇武荖 *Xi-burau*「尖尾螺」
22. 里腦 *Xi-rinau*「樹名」
23. 打那岸 *Xi-tarungan*「女人」
24. 珍珠里簡 *Xi-tarurikan*「烏老珠」
25. 武罕 *Xi-buqan*「砂」
26. 打那美 *Xi-tarabi*「女名」
27. 歪仔歪 *Xi-uayaway*「籐」
28. 芭荖鬱 *Xi-paraut*「溫泉」
29. 掃笏 *Xi-sax-saxul*「痛飲而打腳腿」
30. 武淵 *Xi-bahuyan*「籠」
31. 瑪搭吝 *Xi-matarin*「遷移」
32. 加禮宛 *Xi-kaliawan*「瑪璃珠」
33. 婆羅辛仔宛 *Xi-pulusinawan*「竹」
34. 利澤簡 *Xi-rikan*「休息處」
35. 留留 *Xi-raurau*「島」
36. 猴猴 *Xi-qauqaut*「竹」
37. 巴賽 *Xi-basay*「西部平埔族」

三十六社社名原來多爲噶瑪蘭語，用漢字記音並不準確，所用的漢字各家（如姚瑩 1829，陳淑均 1840）都有不少的出入。

此外，羅東地名是噶瑪蘭語 *Rutung*「猴子」，礁溪「乾溪」。

羅東跟冬山都是二百年前西部平埔族人所開墾的，領頭的是巴宰人潘賢文（原名 Tazuxan Bauki）。羅東鎮中正路慈德寺俗稱「番仔廟」，有潘賢文的神位，就是紀念開墾羅東一帶的先人。

參考書目

行政院國家科學委員會

2006 《多樣性台灣》*The Diversity of Taiwan*. Diary 2006.

李壬癸

1996 《宜蘭縣南島民族與語言》。宜蘭：宜蘭縣政府。

科學人雜誌特刊4號

2006 《多樣性台灣》。台北：遠流。

姚瑩

1829 《東槎紀略》。

陳淑均

1840 《噶瑪蘭廳志》。

陳郁秀編著

2007 《鑽石台灣》。台北：玉山社出版公司。

Darwin, Charles

1859 *The Origin of Species*.

Sapir, Edward

1916 *Time perspective in aboriginal American culture*. Memoir 90, Authropological Series No.13, Geological Survey, Department of Mines, Canada. Ottawa: Government Printing Bureau.

Vavilov, N.

1926 Studies on the origin of cultivated plants. *Bulletin of Applied Botany and Plant Breeding* 26:1-248.

第二章 珍惜沒有文字的語言

古今中外，各種少數民族在過去可說都沒有受到應有的重視和保護，令人感到遺憾。近幾年來國內政治開放，自由民主化也已有了顯著的成果，少數民族的意願和權益也逐漸受到社會大眾的注意和尊重。這是非常可喜的現象。誠然，還有許多教育改革工作要做，還有許多問題需要大家運用智慧來共同研商解決的辦法，這就是教育部不惜投入龐大的人力和物力，積極籌辦大型的「全國原住民教育會議」的主要目的。

台灣原住民所指的是南島民族。在太平洋中的許多群島和東南亞洲的兩個半島上都住有南島民族，他們都有親屬關係，都是同一個語族的後裔。過去幾千年來，台灣地區的南島民族，有的住在高山上，有的住在平原上，因爲年代久遠，因此就逐漸分化成爲大約二十種不同的族群，包括阿美、泰雅、鄒、魯凱、排灣、卑南等等。明末清初，大約四百年前，大量的漢人移民到台灣以後，住在平地上的原住民受到漢化，逐漸失去他們的母語和文化，這就是後來一般人所說的「平埔族」。平埔族也有好多種族群，包括 Ketagalan, Kavalan, Taokas, Siraya... 等等。原來就住在山上的族群，過去就叫做「高山族」，因爲跟漢人接觸得較晚，受漢化的程度也較淺，多少還保存一些自己的母語和文化。這些所謂的「高山族」，實際包括東部平原上的阿美族和卑南族，因爲東部開發較晚，他們漢化的腳步較慢，因此就歸類到所謂的「高山族」，而不是平地的「平埔族」了。日治時代就叫做「高砂族」。

藉此我希望從學理上澄清幾個觀念：

第一，住在山地的原住民在漢人移民來台以前，就已住在山地，幾千年來都是如此，並不是受到平地人的壓迫才遷移到山上的。眞正受到壓迫而遷移到山上居住的，只是少數例外。

第二，原住民包括過去所謂的山地同胞和平原上的各種平埔族。因此，說「九族」是不正確的。原住民應該也包括大約十族的平埔族。即使所謂的「高山族」也不止九族，應該再加上現在還在日月潭的邵族，共有十族。高山族和平埔族總共加起來大約有二十族之多。這個數字還沒有算上在歷史上就已消失的幾種族群，如在台北的淡水族，在桃園的龜崙族，在宜蘭的猴猴族。

第三，同一民族應有一共同的來源，有共同的起源地，不應該是由四面八方不同來源的民族匯集而成一個單一民族。時至今日，在學界仍存有這種誤解。只是一個民族可能吸收來自不同地區的文化成分，這並不等於一個民族有多種來源。

第四，許多人都知道台灣原住民和南洋的原住民有親屬關係，因此就誤以爲台灣原住民是從南洋遷移過來的。這些年來，國內外的語言學者和考古學者的各種研究結果都顯示，台灣才最有可能是南島民族的原始居留地，南洋群島的住民原來是大約五千至四千五百年前才開始從台灣擴散出去的。語言學家所根據的是，他們所使用的語言的各種現象。考古學家所根據的是先民所遺留的器物和工具。這些都不是靠文字的記載所能得到的訊息。南島民族的文字記錄，最早的還不到一千年前。

作者攝於台灣考古界重要的史前遺址：卑南遺址的巨石文化。

第五，原住民的英文名稱是 natives 或 aborigines，是指當地早期的原住民族之一，但卻不一定是最早的原住民族。事實上，在太平洋地區的許多群島上的南島民族，已確定並不是最早的原住民族。例如，馬來半島上的馬來人是大約在三千二百年前才遷移過去的，之前已有更早的原住民，例如 Sakai 族，是屬於南亞民族（他們和越南、高棉人屬於同一語族）；在新畿內亞的南島民族也是大約在同一時期才遷移過去的，原先就住有巴布亞人（Papuans）；在菲律賓的南島民族大約在五千至四千五百年前才遷移過去的，之前已有小黑人（Negritoes）住在菲律賓群島，如今都已被南島民族所同化；在南太平洋 Melanesia 地區的島民，他們有很多原來都不是南島民族，可能原爲澳洲的土著民族或新畿內亞的巴布亞人，後來被南島民族所同化。跟我們有切身關係的原住民，大約在六千年前才遷移到台灣來，而在幾萬年前，已有台東長濱洞的主人和台南的「左鎮人」在台灣活動了。

一、人類的歷史和語言的發展

人類的歷史大約有四百多萬年。在漫長的歲月裡，人類都過著沒有文明、未開化的生活。在這個階段，人類和其他動物，如猩猩、猿猴，並沒有什麼分別。也就是孟子說的，「人之異於禽獸者幾希」。

一直到一百萬年前，人類才開始知道用火。這是人類發展史上的一大進步，表示人類已經有了智慧，知道使用工具和利用自然環境來改善自己的生活。人類的智慧和語言同時發展，因爲要有思想才會有語言，而思想又脫離不了語言。全世界的人類都使用語言來溝通，這是其他任何動物都辦不到的。因此，我們可以說，「人之異於禽獸者幾希，惟語言而已矣」。語言的起源和人種的發展有密切的關聯。一般相信，人類發展出如此複雜的溝通系統——語言，只是最近幾十萬年或幾萬年內的事。

二、文字的歷史和語言的存亡

文字的歷史要比語言的歷史短得多。有文字的語言也比沒有文字的語言少得多。

人類發明文字用來記錄事物，乃是最近幾千年的事（還不到七千年），而且只是其中很少數的民族創造了文字。世界上絕大多數的語言，至今仍然沒有文字，但還沒有任何一種原始民族沒有語言。現在世界上大約還有六千種語言，其中只有 78 種已經文字化，並有文學傳統，只佔百分之 1.3 而已。可見未文字化的語言仍佔絕大多數。台灣地區的原住民都屬於南島民族，過去幾千年也都沒有文字。一直到三百多年前，荷蘭人來台以後，荷蘭傳教士才開始傳授南部平原上的西拉雅族，使用羅馬拼音來寫他們自己的母語。有聖經翻譯和土地買賣的契約等等。荷蘭人被鄭成功逐出台灣以後，西拉雅人使用文字的傳統還延續了一百多年。直到十九世紀上半，西拉雅語言消失了，文字的使用也就完全消失了。文字是依附語言而存在的。由此可見，語言死亡，文字的使用也就停止，文字也就成爲語言的屍體了。語言一旦死亡，其文化的精華部分也就消失了。

四十多年前，基督教會也才開始用羅馬拼音寫阿美語和排灣語。民國八十一年教育部才公佈試用現存十多種語言的書寫系統。最近幾年才紛紛編寫母語教材，包括泰雅、賽德克、阿美、布農、排灣、鄒、魯凱、雅美、賽夏、邵、噶瑪蘭等各種語言。其中有幾種語言也有了聖經的翻譯，包括阿美、太魯閣（賽德克）、泰雅、布農、排灣、雅美等等，有些並已正式出版和流傳使用。不過，仍然沒有幾部詞典可供一般人使用。

現存各種台灣南島語言都沒有文字傳統，過去都沒有以這些語言創作文學或做爲主要的溝通工具。這些就是語言學界所說的屬於「未文字化的語言」（unwritten languages）。未文字化的語言，也就是一般人所說的「沒有文字的語言」。這些語言往往蘊藏著各種不同民族的智慧結晶，豐富的文化智識，有無比的學術價值。

台灣南島語言，已知的至少有二十多種。有的在二、三百多年前就已消失了，有的最近幾年才消失。現存的語言只不過十四種，而它們的壽命還能延續多久，恐怕不太樂觀。依照它們的實際使用情況和語言的消失速率推算，大概不出五十年大都會消失。

有人說，台灣南島語言會消失得這麼快，主要是因爲過去沒有文字。這種說法，似是而非。中外歷史，有文字的語言消失的例子俯拾皆是，例如中國境內的西夏語（約在十三世紀消失）、滿洲語（數百年前消失），歐洲的 Hittite 語（三千多年前消失），中東的希伯來語，都是有文字的語言，可是都消失了。對於這些民族和語言，我們只有透過留傳下來的文字記錄去瞭解他們過去的歷史和生活經歷。在台灣地區雖有過文字記錄，但語言已消失的，包括剛才提到的原來在南部平原上的西拉雅族和中部平原上的費佛朗（Favorlang）族，也就是屬於後來我們所知的貓霧捒（Babuza）族。後世對於他們過去的認識，主要就是靠這些語言的文字記錄。即使殘缺不全，也比一片空白要好得多。

其實，語言的存活與否，主要看使用人的態度而定。說這種語言的人若對自己的母語都沒有信心，或不關心自己的語言文化，也就不會鼓勵子女學習，那就消失得快。

促使語言的消失，除了使用人的態度以外，還有各種社會和政治因素。在社會上不受重視的語言，或在政治上受歧視的語言，很容易被強勢語言所取代。異族通婚也容易造成母語的流失。夫妻常會選第三種——共通的語言——來交談，他們的子女也就學不到母語。世界上的語言目前還有六千種，絕大多數將在一個世紀以內完全消失。其中沒有文字的語言有三分之一以上（約二千種語言）將在半個世紀以內消失。另外有三千種語言其母語人口不到一萬人，也將在一個世紀以內消失。強勢的語言，如英語、漢語，因爲擁有雄厚的政治、社會、文化、科技等等各方面的優勢，將會取代許許多多少數民族或弱勢族群所使用的語言。這是非常遺憾的事，因爲這些面臨消失的語言，都有無比的學術價值。有如瀕臨絕種的動植物一樣，它們的消失，將使人類永久失去一些智識體系，是其他語言無法取代的。

我們有必要爲即將消失的語言設計文字嗎？值得我們花費許多人力去爲它們留下文字記錄嗎？答案都是肯定的。每一種語言都有它的特殊價值，或有一些特殊的現象是其他語言所沒有的，也是非其他語言所能取代的。因此，任何一種語言文化的流失，都會造成無可彌補的損失。如果一種語言的生命確定無可挽回，我們也要儘量爲它多留下一些記錄，把這種珍貴的文化資產留給後代子孫。除了錄音和錄影以外，最主要還是靠文字做記錄。要保存語言文化這種繁重的工作，需要很多熱心人士的積極參與，而不能只靠少數專家學者的努力。

三、語言的文字化

要從沒有文字的語言轉變成有文字的語言是很容易的。只要我們對一種語言的結構系統有所瞭解和正確的掌握，隨時都可以爲它設計一種簡單易學的書寫系統。

文字的類型一般分爲三種：(一) 表音文字，如英文，(二) 表意文字，如漢字，(三) 表音節文字，如日文。其實，表音節也就是表音的一種。因此，文字就只有表音和表意的兩大類型。表意的文字數量要很大，必須花很長的時間去學習，對於人口極少的使用者而言，相當不經濟。因此，選擇表音文字是最經濟的途徑。任何一種語言，它使用的「音素」最多只有數十個，少的也只用十幾個音素。因此，不需花多少時間就可以學會，快則幾小時，慢的也只需花上幾週的時間就可學會。

語言學家使用國際音標（International phonetic alphabet, 簡稱 IPA）來記錄陌生的語言，以求精確。有些音標符號並不是一般常見的 26 個字母，一般人會感到陌生，書寫打字也都不方便，就改用 26 個字母來代替，例如以字母 e 代替 ə，以 ng 代替 ŋ。這就是羅馬拼音系統。國人只要受過中等教育的都學過 26 個字母跟英語，因此辨認和書寫這些字母都沒問題，所要學習的只是如何把語音和字母連結起來。確實需要學習一段時間，才會純熟。

語言學小百科

音素

語言最小的單位是語音（phone），凡有辨義作用的語音就叫做音位（phoneme，或稱音素）。例如，英語 pill, bill 兩個語詞就靠 p 和 b 分辨，bit, bat 就靠 i 和 a 分辨，因此，p, b, i, a 都是不同的音位。又如泰雅語 malax「不要」、malah「烤火」兩個語詞就靠 x 和 h 分辨，因此泰雅語的 x 和 h 是不同的音位。

過去也有人使用日文字母、國音注音符號，甚至以漢字來記錄過台灣南島語言。它們最大的缺點是不準確，也不夠分辨重要的語音差異。國音注音符號，至今仍然有人在使用，仍有人在提倡。殊不知國音字母乃是專爲國語而設計，很不適合用來書寫各種台灣南島語言。不僅符號不夠用，而且用來書寫台灣南島語言，其系統都有嚴重的缺陷。例如，有ㄢ an，ㄤ aŋ，卻沒有 am；有ㄣ ən，ㄥ əŋ，卻沒有 əm。其實國語只有 -n 和 -ŋ 兩種輔音尾，而台灣南島語言很多都有好幾種輔音尾，如 -p, -t, -k, -q, -b, -d, -g, -v, -z, -s, -x, -h, -l, -r 等等。最嚴重的問題是，注音符號只適合於書寫音節結構很簡單的單音節語言，如漢語。而對於多音節語言、語音系統、構詞、句法都複雜的南島語言，注音符號的缺點眞是不勝枚舉。簡單地說，國音字母極不適合用來書寫各種台灣南島語言。希望國內關心原住民語言的人士，儘量參考和使用教育部已正式公佈使用的《台灣南島語言的語音符號系統》手冊中所使用的書寫系統或原民會和教育部聯合公佈的《原住民族語言書寫系統》。

四、台灣南島語言都是國際學術界珍視的語言

凡是有親屬關係的語言（如漢語、英語、南島語），今日無論其地理分布多廣大遼闊，在當初還沒有擴散之前，這一群語言一定有一個共同的起源地，我們可以管這個叫作「原始居留地」或「祖居地」（homeland）。愈早分裂的語言距離祖居地愈接近；愈到後期的擴散，距離祖居地也就愈遠。這是就一般常理而言，當然也會有例外，偶有民族「回流」的情況。

早在1916年美國語言學大師薩皮耳（Edward Sapir）在他的專刊《美洲土著文化的時代透視》裡，就根據語言地理分布和分支的現象來推斷一些印第安民族遷移的方向和時代。他提出這樣的概念：語言最歧異的地區，就最可能是該語族的起源地。

最高度歧異的地區最可能就是擴散中心，類似這種概念，在植物學界俄國植物學家法微洛夫（Vavilov 1926）也曾加

以發揮，他使用這種方法來推斷各種人工栽培植物的起源地。

當代南島語言學家大多公認台灣地區的南島語言彼此差異最大，時代的縱深也最長，也最紛歧，所以最可能是古南島民族的擴散中心。

歷史語言學家一般都相信，可以使用嚴謹的科學方法重建的語言的歷史大約五、六千年。在台灣地區出土的考古資料中，可以確定是南島民族的「大坌坑文化」大約在六千年前。因此，我們可以推論南島民族從外地遷移到台灣，距今大約六千年前。台灣地區以外的南島語言，其紛歧性普遍不如台灣，其考古年代也都不如台灣古老。根據語言和考古兩種不同學科的資料和現象研判，台灣最有可能是南島民族的

建構史前史，考古學亦可提供線索。一九九三年元月，作者（右二）帶領國際南島語言學者踏查淡水河南岸大坌坑文化遺址。

語言學小百科

詞彙統計法

語言學界希望能發展出一套推斷年代的方法，有如考古學界利用碳十四推斷年代一樣。美國語言學家 Morris Swadesh 在五十年代提出詞彙統計法（lexicostatistics）或稱詞彙斷代法（glottochronology）。這種辦法是計算語言和語言之間所保存的同源詞還有多少，同源詞越多表示其分裂年代越晚，同源詞越少的其分裂年代就越早。這種理論建立在幾種假設之上：

（1）基本詞彙比其他詞彙容易保存長久。基本詞彙包括親屬稱謂、基本數詞、人稱代詞、身體各部名稱、自然界景物、常用器具、動詞、形容詞等等。

（2）基本詞彙的保持率在時間上較穩定。

（3）基本詞彙的消失率，各種語言大致相同。

（4）根據兩種語言所保存的基本詞彙百分比，可以計算出它們分化的年代。

學者們依此發展出一套計算公式，得出平均每千年約消失基本詞彙 20% 的結果。戴恩（Dyen）就用這種方法來做南島語言的分類，王士元改良計算公式，嘗試計算漢語和其他語言的分化年代。詞彙統計法在語言學界引起不少的爭議。

原居地和擴散中心。

古南島民族既然很有可能在六千年前已在台灣定居，然後才從台灣地區向南、向東、向西擴散。那麼，超過六千年前古南島民族的前身（pre-Austronesian）又從哪裡來的呢？要解開這個謎題，仍然需要使用語言學的方法，找出南島語族和哪一個語族有親屬關係。能找到這個語族並證明這兩個語族之親屬關係，就可以找到更早期的居住地。

歷年來陸續有人提出好幾種不同的關於南島語言起源地的學說，包括：侗傣語、南亞語、日語和琉球語、泰墨語（印度境內）、印歐語、漢語等等。但大部分的證據都很薄弱，禁不起嚴格的歷史語言學方法的考驗。直到最近幾年才有一些突破，比較可靠的證據顯示：南島語和南亞語（在中南半島及印度東部）很可能有親屬關係。因此，他們的共同起源地應是亞洲東南部一帶，據夏威夷大學教授白樂思（Robert Blust）的推測，大概在緬甸北部，距今大約八千年前。

儘管南島語言約有一千種，而台灣本島的語言只不過二十多種，但此地卻保存了許多古語的特徵。因此爲瞭解古南島語的現象以及古南島民族的遷移歷史，台灣南島語言佔有舉足輕重的地位。近三十年來，國際南島語言學界都很重視台灣南島語的狀況及其所能提供的研究成果。因此，維護這些舉世都珍惜的語言和推展這一方面的調查研究工作，我們責無旁貸。

然而，國內人士是否如國際人士那樣珍惜我們本土的語言呢？很遺憾地，至少有一半的本土語言和方言都已消失了，尤其最近幾十年來消失得最多、最快。現在還存在的語言只不過十四種，其中有幾種最多只能再苟延殘喘若干年而已。我們對於保護瀕臨絕種的動、植物之不善盡責任，這幾年來備受國際人士的嚴厲批評。至於保護瀕臨絕種的語言文化，我們的成績又如何呢？恐怕將來也要成爲國際組織所要譴責的對象了！希望全國人民都能正視這個嚴肅而又重要的課題，並且立即採取具體行動。

——本文是「全國原住民教育會議」專題演講講稿，1996年4月，國家圖書館

參考書目

村上直次郎

1933 《新港文書》。台北帝國大學文政學部紀要。

李壬癸

1991 《台灣南島語言的語音符號系統》。教育部教育研究委會。

1994a 對於原住民母語教學應有的一些認識，《原住民文化會議論文集》47-55。行政院文化建設委員會。

1994b 國際珍視的語言，我們卻令它消失了，《聯合報》83年12月1日39版。

1995a 台灣南島語言的分布和民族的遷移，《第一屆台灣語言國際研討會論文選集》1-16。台北：文鶴。

1995b 台灣南島語言研究的現狀與展望，《第一屆台灣本土文化學術研討會論文集》229-246。國立台灣師範大學。

黃宣範

1994 語言、文字與文化的關係——認知科學的觀點，黃沛榮，《當前語文問題論集》1-25。國立台灣大學中國文學系。

Bellwood, Peter

1991 The Austronesian dispersal and the origin of languages. *Scientific American* 265.1:88-93.

Blust, Robert

1985 The Austronesian homeland: a linguistic perspective. *Asian Perspectives* 26.1:45-67.

1996 Beyond the Austronesian homeland: The Austric hypothesis and its implications for archaeology. In Ward H. Goodenough, ed. *Prehistoric Settlement of the Pacific. Transactions of the American Philosophical Society* 86.5:117-137. Philalelphia: American Philosophical Society.

Campbell, Rev. William

1888 *The Gospel of St. Matthew in Sinkang-Formosan, with corre-*

sponding versions in Dutch and English edited from Gravius's edition of 1661. London: Trubner and Co.

1896 *The Articles of Christian Instruction in Favorlang, Dutch and English from Vertrecht's Manuscript of 1650*. London: Kegan Paul, Trench, Trubner and Co.

Mosley, Christopher

1994 *Atlas of the World's Languages*. Routledge.

Sapir, Edward

1916 *Time perspective in aboriginal American culture: a study in method*. Reprinted in David G. Mandelbaum (1968), ed., *Selected Writings of Edward Sapir in Language, Culture and Personality*, 386-467. Berkeley: University of California Press.

Vavilov, N.

1926 Studies on the origin of cultivated plants. *Bulletin of Applied Botany and Plant Breeding* 26:1-248.

台灣語言學先驅

小川尚義、淺井惠倫

一、前言

一般人的習慣是把中國境內的語言分為漢語和非漢語兩大類。許多年前，中國語言學界就尊稱趙元任先生（1892-1982）為「漢語語言學之父」，這是當年傅斯年先生送給趙先生的稱號。事隔多年，周法高先生又尊稱李方桂先生（1902-1987）為「非漢語語言學之父」。趙先生和李先生對中國語言學的傑出貢獻是國際公認的。他們兩位可說是中國境內語言學的先驅者，都可算是第一代的語言學家。第一代除了趙、李兩位而外，還有羅常培先生（1899-1959）。他們三位合作把瑞典漢學家高本漢先生（Bernhard Karlgren）的鉅著《中國聲韻學研究》從法文譯成中文，是學術界的盛事。

趙、羅、李三位可說是中國第一代的語言學家，當年都在中央研究院歷史語言研究所擔任研究員，如今都已先後過世了。也在中研院任職的第二代是董同龢先先、周法高先生和張琨先生，如今董、周兩位也已先後過世了，只有張琨先生仍然健在，並已在加州大學柏克萊分校退休。第三代就是丁邦新、李壬癸、龔煌城三人，延續漢語和非漢語的研究工作。民國 72 年 2 月 21 日周法高先生跟本人閒聊時，他口誦一絕敘述薪火相傳如下：

一代趙羅李　二代董周張
三代丁李龔　薪火傳無窮

以上可說只限於中研院史語所的薪火相傳。其實對中國語言學有傑出貢獻的語言學家很多，例如王力先生、呂叔湘先生、王士元先生、梅祖麟先生等等，不勝枚舉。

如周法高先生所言，中研院史語所第三代語言學家（左至右）：李壬癸、丁邦新、龔煌城，一九九三年六月攝於巴黎。

至於台灣地區的語言學先驅者就不是中國人了，而是日本學者小川尚義教授（1869-1947）。若論年齡和輩份，小川甚至比起趙、羅、李三人都還要早。比小川晚一輩的淺井惠倫（1895-1969），才大致和趙、羅、李三人相當。

二、小川尚義（1869-1947）

台灣在 1895 年割讓給日本，過了一年小川尚義教授就到台灣來了，直到 1936 年退休，他才返回日本。這近四十年的時間，他大都在台灣，從事語言教學和語言調查研究工作。前後四十年，他主要是調查和研究台灣地區的語言，包括漢語方言和南島語言。中間除了有一年半的時間（1916 年 12 月至 1918 年 5 月），他到中國大陸（溯長江而上到漢口、也到福建調查了四個月）和南洋菲律賓、婆羅洲北部、馬來半島、緬甸、印尼等地，去收集和台灣地區有密切關係的語言資料。他回到日本以後仍然繼續整理有關台灣南島語言的資料，陸續發表論文至少在七篇以上。不幸地，他的住宅遭到美軍轟炸擊中，他所蒐集的部分語言資料毀於炮火，但是仍然念念不忘他的研究工作，至死方休。我們若說他的一生都奉獻給台灣的學術研究，絕不爲過。令人遺憾的是，他的卓越貢獻，在他生前國際學術界幾乎完全不知道，他的創獲並沒有受到當時國際學術界應有的肯定。例如，德國學者田樸夫（Otto Dempwolff, 1934-38）的南島語言比較研究鉅著竟然都沒有引用小川的研究成果，造成南島語言學史上的一大憾事。他的創見要等到他死後十多年，才引起美國名南島語言學者戴恩（Isidore Dyen）的注意，並向西方學術界介紹。此後，凡是南島語言比較研究學者，如挪威的達爾（Otto Dahl），美國的白樂思（Robert Blust）、伍爾夫（John Wolff）、帥德樂（Stanley Starosta）、雷德（Lawrence Reid），澳洲的羅斯（Malcolm Ross）等人，都很重視台灣地區南島語言的現象。

語言學是一個冷門的學問，南島語言學更是冷門中的冷門。從事冷門的學術研究工作要耐得住寂寞。尤其難得的是，小川教授一生都在寂寞中度過。他的創獲雖然重要，當年卻得不到學術界的回響，只有極少數日本學者，如馬淵東一，才稍微知道他的研究工作的重要性。小川卻能秉持對純學術的良知和愛好，一直堅持下去，這種精神確實值得我們的欽佩。何以他生前沒得到國際學術界應有的重視和尊敬呢？最主要的原因是，他的著作全部都用日文發表，沒有一篇用外文發表。因此，他在國際的知名度卻反而不如淺井惠倫、馬淵東一這幾位同是日本學者但都有一些論文用英文發表。他的研究工作也沒有受到當局和權威方面的保護或鼓勵，因爲他研究的對象並不是比較熱門的中國北方官話或通行南洋的馬來語（馬淵 1948）。稍可安慰他的一件事是，他和淺井合著的專書在 1936 年榮獲「恩賜賞」（日本天皇獎）。

曹雪芹創作《紅樓夢》，前後花了十年的時間，都還沒完成。他自題詩道：

字字看來皆是血，十年辛苦不尋常。

小川教授對台灣語言的研究工作卻是前後有五十年之久，比起曹雪芹的創作更是艱苦備嘗了。他當年所冒的危險，更非一般人所能想像。十三年前我在史語所講論會上做研究報告時，曾引用上面這句話來比喻我對台灣南島語言研究的狀況。當時李方桂師也在座，他只是微微一笑。現在想起來，比起小川教授的畢生五十年不斷的研究，我眞是小巫見大巫了。

台灣語言學的基礎是由小川教授一手奠定的，包括台灣地區的漢語方言調查（參見他的《日台大辭典》（1907）和《台日大辭典》（1932）各上下二卷）和各種南島民族語言的調查研究。

台灣地區的南島語言種類繁多，大約有二十多種，彼此差異很大。在荷蘭據台時期（1624-1662）的短短三十八年當中，荷蘭傳教士爲我們留下了一些珍貴的平埔族語言資料，包括西拉雅和費佛朗語。可是在清朝治台二百多年間（1683-1895），卻沒有爲我們留下什麼語言資料。眞正爲台灣地區的語言最早做有計劃的調查研究的，是在台灣割讓給日本之後，由小川尚義（於 1896 年底或 1897 年初來台）他一人單獨進行的。正如馬淵（1948）所說的，「小川教授就是以當時似可稱爲台灣唯一語言專家的身分，在這幾乎未有人開拓的荒野上，揮下了第一鋤。」（余萬居譯）。那時語言學還沒有獨立成爲一個學科，語音學還在起步的階段，因此小川還要摸索如何用正確的語音符號去記錄實際的語言。從 1897 到 1926 年近三十年的時間，他大部分的時間都在教學日語和研究台灣閩南方言，主要的成果是編纂出版《新訂日台大辭典》（1938）

和《台日大辭典》（1932）兩大部工具書。

他積極對於台灣南島語言進行調查研究是在 1926 年以後，之前他在這一方面的研究工作可說比較零碎，所發表的論文雖有十多篇，但眞正有份量的並不多。1930 至 1935 年這五年間可說是豐收期，在這段時間他出版了三本袖珍小辭典（排灣、泰雅、阿美）和好幾篇重要的學術論文。他和淺井惠倫合作出版了劃時代的鉅著《原語による台灣高砂族傳說集》（1935），內容包括所有高山族語言，由小川負責泰雅、賽夏、魯凱（大南社、taramakaw 社）、排灣、卑南、阿美等七種語言，而由淺井負責賽德克、布農、鄒、卡那卡那富、沙阿魯阿、魯凱（下三社）、雅美等七種語言的語法概說及文本（texts），共 838 頁。這段期間他所發表的好幾篇論文都是有很重要的發現和創見：

（一）小舌音 q 和舌根音 k 在排灣語及其他一些台灣南島語言顯然有別，可是在台灣地區以外 q 音大都已變成 h、χ 或 ʔ，或完全丟失。這種分別應該上推到古南島語（他當時管它叫做印度尼西安語）。

（二）台灣南島語大都像排灣語一樣的區分 ts 類音和舌尖塞音 t，他把 t 叫做 t_1，ts 類音叫做 t_2。這種分別在台灣地區以外的語言全部都已消失了，可見台灣地區的語言保存了古語的特徵。同樣地，台灣地區的語言還保存另外兩種分別：一個是 d_1 和 d_2 的不同，另一個是 n_1 和 n_2（語音上多為邊音 l），而這種區別在台灣地區以外也大都已消失了。第一種和第二種 d 在南洋的語言都一樣是 d，但根據台灣第二種類型的 d(d_2) 據他推測原爲捲舌音。第一種和第二種 n 在南洋群島的語言都是相同，大致都只是 n，但在台灣第二種 n 多爲邊音 l, ɬ，少數爲擦音 χ 或 ð　。

（三）南洋群島的語言都只有一種舌尖擦音 s，然而台灣地區的語言卻反映有兩種不同類型的 s。第一種類型各地區大致相同，但是第二種只有台灣地區的語言才保存爲 s（或 ʃ）音，在其他地區或變作 h 或消失。

（四）台灣地區的語言 r_1 對應於南洋群島語言的 r, l, d，即 RLD 法則；r_2 對應於南洋群島語言的 r, g, h，即 RGH 法則。

（五）台灣地區的語言保存不少構詞和句法上的特徵。

小川把動詞分爲兩大類，其中之一就是名詞，也就是我們現在所說的名物化的（nominalize）動詞。第一類動詞以主事者當主格，稱爲「主體主」，第二類動詞以主事者當屬格，可細分爲三種：一、以受事者當主格，稱爲「客體主」，二、以處所當主格，稱爲「位置主」，三、以工具爲主格，稱爲「工具主」。此外，他又把動詞的變化類型分爲「現實式」（realis）與「非現實式」（irrealis）。

根據馬淵教授（1948）的追悼文，小川大規模調查台灣南島語言時，他年紀已經不小了（大約五十七歲），他的聽力已經退化了，不太靈光了。可是一到調查記音的時候，他的辨音

語言學小百科

小川尚義略歷

原籍：松山市出淵町1町目27之2番地。

出生：明治2（西元1869）年2月9日。

1893.6.9	第一高等中學校畢。
1896.7.10	東京文化大學博言學科畢。
1896.10.26	台灣總督府學務部編輯事務專員。同年底或次年初來台灣。
1899.3.29	總督府國語學校教授。
1901.5.7	總督府編輯官。
1905.9.30	兼任總督府國語學校教授。
1909.6.4	兼任總督府視（督）學官。
1911.10.16	總督府民政部學務部編修課長。
1916.12-1918.5	訪中國長江漢口、福建、菲律賓、婆羅洲北部、馬來、緬甸、印尼等地。
1918.4.22	總督府翻譯官、編輯官。
1919.9.16	兼任台北高等商業學校教授（講授以高砂族為主的南方民族學）。
1924.12.19	台北高等商業學校校長。
1924.12.24	請辭本職（行政處理）。
1925.4.7	總督府圖書編輯事務專員。
1927.1.31	台北帝大創立準備事務專員。
1928.3.17	台北帝大文政學部兼任講師。
1930.3.12	台北帝大文政學部教授。
1936.3.23	退休。返日本。
1936.6.1	獲天皇「恩賜賞」（因『原語による台灣高砂族傳說集』一著而獲獎）。
1947.11.20	逝世。享年七十九歲。

能力就變得非常靈敏，即使微細的差別，他也能分辨得清清楚楚，使當時比他年輕二十六歲的淺井惠倫大爲驚服。這件事使我想起1993年元旦那天，我們帶著一群國際南島民族學者到東部去參觀訪問，年近八十歲的戴恩（Isidore Dyen）教授對於聽卑南、阿美、魯凱、排灣等各種語言，其辨音能力確實使我們年輕一輩的非常歎服。我在1970年首次調查魯凱語大南方言，事後對照小川的記錄，就發現我的記音有不少的錯誤。在記音和分析各方面，我都從小川教授的著作中學到很多寶貴的知識和經驗。

奠定台灣語言學基礎的小川尚義，攝於1936年。

從小川的事蹟中，我們可以領會到他做學問很有眼光，視野寬闊。他不僅調查研究台灣地區的語言，而且積極收集南洋和亞洲大陸的語言資料，以資比較。因此，他才能理出不同地區的主要差異，並且進一步判斷哪些現象是原來的，哪些才是後起的。他那些資料都是自己親手整理、抄寫的，並沒有助理幫忙。我們現在從事研究工作的

美國南島語言學權威學者Isidore Dyen，其辨音能力令人歎服。

人要比他幸運多了。如果我們的研究成果還趕不上他，那就太慚愧了。

日本人精神可佩的地方還不止如此。日本上山總督退休時，把他所收到的餽贈金全數捐出來做爲調查費用。若非如此，小川和淺井當年也不可能去做大規模的田野調查，完成《傳說集》那一部鉅著，移川子之藏、宮本延人、馬淵東一等人也無法完成《台灣高砂族系統所屬の研究》，可見日本大官也相當重視學術文化工作，不但大公無私，而且有眼光，盼望我國大官也能有這樣的眼光和胸襟。

三、淺井惠倫（1895-1969）

淺井教授應該算是第二代的人物。台灣地區語言學研究工作由小川教授奠定基礎之後，淺井後來才加入調查研究。大概在 1926 年或稍後，他才開始往返於日本和台灣之間。1936 年他從荷蘭獲得博士學位之後，就到台灣定居和工作十二年，二次大戰結束後兩年才回日本。

淺井最主要的研究成績，是他和小川合著的《傳說集》，由他負責調查偏遠地區的七種語言。他自己獨立完成的較重要著作包括：

（一）《蘭嶼的雅美語研究》（英文，1936，荷蘭萊頓大學的博士論文）

（二）《賽德克語的研究》（英文，1934, 1953）

他總共發表了十四篇有關台灣南島語言的論文，在質和量上都遠不及小川。

乘他在荷蘭萊頓大學留學之便，他從荷蘭檔案中拍攝有關平埔族西拉雅語言的資料，後來整理出來於 1939 年在台北帝國大學出版。

淺井最大的貢獻除了他和小川合著的專書以外，就是他對於台灣北部和東北部平埔族語言的調查。1936 年 10 月，他在北部找到七十五歲的貢寮新社人名叫潘氏腰，把她請到台北工作了一個月，記錄了約一千個詞，屬於 Basay 語。同年十二月，他從宜蘭社頭把六十九歲的吳林氏伊排也請到台

語言學小百科

淺井惠倫略歷

1895.3.25	日本石川縣小松市北淺井町8721，妙永寺出生。
1912	日本石川縣小松中學校畢業。
1915	日本第四高等學校畢業。
1918	東京帝國大學文科大學語言學科畢業。
1933	赴荷蘭留學一年半，攻讀語言學。
1936.2.24	獲荷蘭國立萊頓大學文科大學文學哲學博士，返日本，任台北帝國大學助教授。
1937.6	任台北帝國大學教授、語言學講座。
1943.3.15	補南方人文研究所員。
1946.9-1947.4	留用台灣省編譯館。
1947.8	返日本。
1949.12-1950.4	赴美國。
1957.8-1958.3	訪越南、寮國、高棉、泰國。
1964.8-1965.1	擔任南山大學東新畿内亞調查團的一員，實地調查高山地帶的巴布亞（Papua）語言。
1969.10.9	因直腸癌在築地去世，享年七十三歲。

北工作了一個半月，記錄她的Basay語Trobiawan方言，除詞彙外，還有傳說故事歌謠的文本（texts）、錄音等。淺井還調查了蘭陽平原各地的噶瑪蘭方言，包括若干傳說故事以及一百多個詞彙的比較表。這些珍貴的平埔族語言資料便是如今僅存的記錄，因爲這些語言和方言都已消失了。淺井生前

並未發表這批珍貴的語言資料。幸而他的田野筆記留傳下來。Basay語的兩種方言詞彙資料已由森口恒一（1991）整理出來向外界公佈。其餘的資料我也取得了影本，承土田滋教授慷慨提供，使我有機會進一步認識這兩種平埔族語言。這些資料和分析已刊爲宜蘭縣叢書之一《宜蘭縣南島民族與語言》。但是後來才發現的十二種巴賽語文本資料，仍未公諸於世。

精通台灣各種南島語言的淺井惠倫

四、聶甫斯基（N.A. Nevskij, 1891-1937）

對阿里山的鄒語最早做有系統研究的，應首推俄籍學者Nevskij，他早在1927年就到阿里山調查了一個月。隨後又有日本學者淺井惠倫於1930年初，我國學者董同龢於1958年調查了幾個月。其中以董氏的《鄒語研究》（1964，英文）資料最豐富，形式最完整。

俄籍學者聶甫斯基早年到日本留學並從事民俗學調查研

究。1927年6月他和淺井惠倫一起從日本神戶搭船到台灣，準備各自調查一種台灣南島語言：Nevskij到阿里山調查鄒語，淺井到霧社去調查賽德克語。Nevskij的著作以俄文寫成，於1935年出版，1981年再版（附其鄒語詞彙手稿），中文譯本於1993年由台原出版社出版，譯者是俄籍漢學家李福清（B. L. Riftin）、大陸學者白嗣宏、鄒族巴蘇亞·博伊哲努（浦忠成）。可惜中譯本有不少排版印刷上的錯誤，尤以語音符號的錯誤最嚴重。譯者或出版者有不少擅改語音符號的地方，而且有些改寫符號並不完全。因此看中譯本，最好要有俄文本對照。

聶氏的鄒語研究雖然有點過時，但仍然有它的學術和參考價值。他的分析、內容、角度都跟董氏有所不同，所以仍然有許多值得參照和比較的地方。聶氏的記錄，有些鄒語詞彙保存古義和鄒族早期的風俗習慣。對照三十年後董同龢所做的記錄，有些詞義已消失或變遷。

被尊稱爲「非漢語語言學之父」的李方桂

五、李方桂（1902-1987）

最早對日月潭的邵語做較有系統研究的是李方桂先

生，是在 1956 年初。他雖然只做了五天的田野調查，所發表的論文〈邵語記略〉卻是多年來南島語言比較研究學者一直都在引用的主要參考資料，尤其詞彙資料成爲外界引用的唯一來源。本人過了二十年才再去調查邵語，對他的音韻系統提出局部的修正，後來才又補寫邵語句法的初步分析。歷年來所記錄的文本資料即將以專書出版。

六、董同龢（1911-1963）

從 1957 年夏天起，董同龢先生開始帶著學生到阿里山去調查鄒語。他後來又陸續調查了幾次，寫成《鄒語研究》（英文）一書。等到 1964 年書印出來時，董先生已於前一年不幸去世了。他生前常帶著學生到山地去調查，包括鄭再發、鄭錦全、王崧興、管東貴、丁邦新、梅廣、嚴棉等人。他們後來大都走上語言學研究之路，只是繼續做南島語言調查研究的並不多。

七、易家樂（Søren Egerod, 1924-1995）

1961 年起，丹麥語言學家易家樂來台調查研究泰雅語。他後來發表了幾篇關於泰雅語的論文，包括音韻、句法、詞彙、文本等。1978 年他完成了《泰雅詞典》（*Atayal-English Dictionary*）。除了小川以外，早期對泰雅語做較深入研究的就只有易家樂教授了。後來他的《泰雅詞典》又經過修

董同龢三大弟子：鄭錦全（左一），鄭再發（中），丁邦新（右一）。

早年做過台灣南島語言調查的學者：左起丁邦新、陳琪、嚴棉、鄭再發、李壬癸。

訂和擴充，遺憾的是，在增訂本還沒出版之前，他就已於1995年去世了。去世之前，他曾囑託一位熟悉電腦的同事歷史學者 Jens Petersen 爲他做最後的整理再出版。

八、土田滋（1934-）

從1962年起，日本學者土田滋教授就一直對台灣南島語言有濃厚的興趣。他有機會就到台灣來調查研究，其中以1968到1970年兩年間的調查工作最爲密集，所接觸的語言種類也最多。後來他又來台灣調查了好幾次，現存的各種台灣南島語言及其主要方言，他都親自到各部落去調查過。他耳朵靈敏，記音精確，態度又很嚴謹，爲各種台灣南島語言的研究工作奠定了堅實的基礎。只可惜他發表的著作並不很多。筆者常勸他要把他歷年所寫的稿件整理出來發表，由於他工作一直太忙，至今仍未能如願。有關台灣南島語言的研究書目，在1967年以前的大都是土田教授所做的，本人只不過在既有的基礎之上，繼續補充和整理了近四十年來新出的研究書目而已。

九、結語

路是前人走出來的。魯迅在他所寫的短篇小說〈故鄉〉中說道：

其實地上沒有路，走的人多了，也變成了路。

土田滋（左一）在日月潭調查邵語（左二起：李壬癸、石阿松、簡史朗）

我們今天能做出一些研究成績來，都應該感謝前人爲我們所開闢的路和舖好的平坦的路。我們所以會走得這麼順暢，都應該感念前輩的學者，包括小川尚義、淺井惠倫、聶甫斯基、李方桂、董同龢、易家樂、土田滋等幾位。此外，本人也要感謝一些師友，包括夏威夷大學的帥德樂教授，本人跟他有兩次一起做田野調查的經驗，從他那裡學到不少智識和技巧。

——本文係1995年3月10日於中央圖書館台灣分館的演講稿，由吳三連基金會主辦，其中小川尚義的部分曾刊於1995年4月21日《自立晚報》本土副刊，2004年5月22日刊於《國語日報》「書和人」（第1004期）

主要參考書目

小川尚義、淺井惠倫

1935 《原語による台灣高砂族傳說集》。台北帝國大學言語學研究室。

土田滋

1970a 故淺井惠倫教授とアウストロネシア言語學，《AA研通信》10:2-4。黃秀敏(1993)譯，故淺井惠倫教授和南島語言學，381-386。

1970b 淺井惠倫教授著作目錄 訂正及び補遺，《AA研通信》11:19。

1971 彙報（淺井惠倫先生の訃），《言語研究》58:98-99。

1984 〔人よ學問〕淺井惠倫，《社會人類學年報》10:1-29。

土田滋，山田幸宏，森口恒一

1991 《台灣・平埔族の言語資料の整理と分析》(*Linguistic Materials of the Formosan Sinicized Populations I: Siraya and Basai*)。University of Tokyo。

李方桂

1956 邵語記略，《國立台灣大學考古人類學刊》7:23-51。

李壬癸編審，黃秀敏譯

1993 《台灣南島語言研究論文日文中譯彙編》。台東：國立台灣史前博物館籌備處。

李壬癸，林英津編

1994 《台灣南島民族母語研討會論文集》。教育部教育研究委員會。

馬淵東一

1948 故小川尚義先生とインドネシア語研究，《民族學研究》13.2:62-71。又收錄於《馬淵東一著作集》3:485-500。余萬居譯。

黃秀敏

1994 日本學者對台灣南島語言研究的貢獻，《台灣南島民族母語研討會》，159-185。

衛惠林

1970a 懷念淺井惠倫教授（上，下），《中央日報》中華民國59年1月日。

1970b 語言學家淺井惠倫教授逝世，《國立台灣大學考古人類學刊》31/32:104-105。

聶甫斯基著，白嗣宏、李福清、浦忠成譯

1993 《台灣鄒族語典》。台北：台原出版社。

Li, Paul Jen-kuei

1976 Thao phonology. *BIHP* 47.2:219-244.

1978 "The case-marking systems of the four less known Formosan languages." *Proceedings of the Second International Conference on Austronesian Linguistics, Fascicle 1*. Pacific Linguistics C-61:569-615. Canberra: Australian National University.

Nevskij, N.A.

1935 "Materialy po Govoram Jazyka Cou [Dialect material of the Tsou language]." Moskva: *Trudy Instituta Vostoko-vedenija* 11, pp.136.

1981 "Materialy po Govoram Jazyka Cou [Dialect material of the Tsou language]." *Slovar' Dialekta Severnych Cou [Dictionary of northern Tsou dialect]*. pp.291. Moskva: Izdatel'stvo Nauka.

1993 《台灣鄒族語典》（白嗣宏、林福清、浦忠成譯）。協和台灣叢刊32。台北：台原出版社。

Tung, T'ung-ho

1964 *A Descriptive Study of the Tsou Language, Formosa*. Taipei: Institute of History and hilology, Academia Sinica, Special Publications No.48.

台灣南島語言的詞典編纂技術檢討
兼評介現有的幾部詞典

一、現有的詞典和單字表

截至目前為止，只有九種台灣南島語言有較大並已正式出版的詞典：泰雅（Egerod 1978, 1999）、賽德克（Pecoraro 1977）、阿美（Fey 1986）、排灣（Ferrell 1982, Egli 2002）、卑南（Cauqelin 1991）、巴宰（李壬癸，土田滋 2001）、費佛朗（小川 2003）、邵（Blust 2003）、噶瑪蘭（李壬癸，土田滋 2006）。當然這九種語言的詞典大都可以再增訂。小川編過了三本日語—台灣南島語的小詞典：《パイワン語集》（排灣語，1930）、《アタヤル語集》（泰雅語，1931）、《アミ語集》（阿美語，1933）。在小川之前，森丑之助（1909）也曾編過排灣、阿美、布農三種蕃語集的小冊子，可惜他採用日文片假名記音。鄒語有 105 頁的詞彙附在董同龢（Tung 1964）的《鄒語研究》專書中，幾年前李壬癸才為它做了勘誤表（附在再版書後）。鄭恆雄編了一部布農語—英語詞典（107 頁的油印本），資料固然不全，而他以中部方言為對象也不盡合理想，因為北部方言才保存古音 c 與 s 的區別。來自歐洲法語區的幾位傳教士在台灣長期定居，經年累月地在山地蒐集詞彙資料，他們先後編寫了阿美和布農語的詞典：阿美—法語（Duris 1969）、法語—阿美（Duris 1970）、法語—布農（Flahutez 1970）、布農—法語（Duris 1987）、法語—布農（Duris 1988），都是仍未出版的油印本。以上各種詞典，除了《阿美語字典》、《巴宰語詞典》、《噶瑪蘭語詞典》外，都是用歐美語或日語解釋，對於不熟悉外語的國人來說，使用起來就不方便了。

對個別語言或方言列有較長的詞彙的，包括李方桂先師（Li 1956）的邵語，李壬癸（Li 1978）的賽夏兩方言詞彙比較表，丁邦新（1978）的卑南語六種方言詞彙比較表，何大安（1978）的排灣語五種方言詞彙比較表，土田（1980）的卑南語太平村方言（tamalakaw）。其他還有較短的比較詞彙表，包括小川、淺井（1935）、費羅禮（Ferrell 1969）、土田（Tsuchida 1971, 1982）的著作。

由以上可見我們還沒有幾部眞正有份量而又方便大家使用的台灣南島語言詞典。目前迫切需要各族有識之士儘快組織工作群，通力合作編寫幾部完善的詞典，及時爲母語留下永久的文化資產。

二、編纂對象的考慮

在進行編纂詞典之前，有這些重要的問題要先考慮：（一）選擇哪一種方言，（二）編者的目的，（三）使用的對象。其實這些問題都互相關聯。

（一）方言的選擇

一部詞典的編纂，必須以一個方言爲主。方言少而且彼此差異小的語言，如鄒語，還容易列入其他方言的形式以資比較，如董（Tung 1964）。可是方言多而且彼此差異大的語言，如泰雅語，就必須選擇其中一種方言做爲編纂的對象了。

方言的選擇有幾種因素可以考慮：說該方言的人口有多少？使用的範圍有多大？從這個觀點看，易家樂（Egerod）的選擇賽考利克（Squliq）方言做爲泰雅語的代表，方敏英（Fey）的選擇中部方言做爲阿美語的代表，Pecoraro 的選擇太魯閣方言做爲賽德克語的代表，都是使用人口最多的方言，通行的地理區域最廣，因此適用的對象也最多。

（二）編纂的目的和使用對象

如果從方言的學術價值加以考慮，那麼方言的選擇就可能不同了。有的方言儘管使用的人口並不多，但其學術價值卻可能高於其他人口多的方言，例如泰雅語的汶水方言（保存許多句法結構的現象、男女語言形式的不同、c 與 s 的分別，以及重音前的元音等等），鄒語的久美方言（老年人保存 r 音），阿美語的 Sakizaya 方言（保存古音 b 和 d），賽德克語的霧社方言（Paran 或 Tkdaya，保存 c 與 s 的分別）。若爲歷史語言學者的比較研究提供資料，自然就要挑選這些方言編詞典了。

傳教士通常就以他居住的村落或其附近的方言進行記錄

和採集詞彙資料，如 Duris, Flahutez, Pecoraro 等人。這種方式的優點是他們熟悉他們所蒐集的方言，會說當地的方言，因此所收的詞彙資料較為豐富。缺點是他們大都沒受過語言學的訓練，因此常有系統上該區分的沒區分，不必區分的卻反而使用不同的語音符號以示區別的情形。然而，他們編纂的詞典卻適合本土人士（native speakers）參考，也為語言學界留下珍貴的語言資料。

語言學小百科

單語詞彙表及詞彙比較表書目

Campbell, Rev. William

1896 *The Articles of Christian Instruction in Favorlang Formosan, Dutch and English from Vertrecht's Manuscripts of 1650.* pp.122-199. London: Kegan Paul, Trench, Trubner and Co.

Ferrell, Raleigh

1969 *Taiwan Aboriginal Groups: Problems in Cultural and Linguistic Classification*, pp.75-418. Institute of Ethnology, Academia Sinica Monograph No.17. Taipei.

Ho, Dah-an 何大安

1978 五種排灣方言的初步比較 [A preliminary comparative study of five Paiwan dialects]，《中央研究院歷史語言研究所集刊》*BIHP* 49.4:565-681。

Li, Fang Kuei 李方桂

1956 邵語記略，《國立台灣大學考古人類學刊》7:23-51。

Li, Paul Jen-kuei 李壬癸

1978 A comparative vocabulary of Saisiyat dialects. *BIHP*

49.2:133-99.

1997 詞彙比較表，《高雄縣南島語言》。高雄縣政府。

Mori, Ushinosuke 森丑之助

1909a《ぱいわん蕃語集》。37頁。台北：台灣總督府民政部警察本署蕃務課。

1909b《阿眉蕃語集》。27頁。台北：台灣總督府民政部警察本署蕃務課。

1909c《ぶぬん蕃語集》。111頁。台北：台灣總督府。

Murakami, Naojiro 村上直次郎

1933 《新港文書》。pp.154-228。台北帝國大學文政學部紀要，第二卷第一號。

Ogawa, Naoyoshi 小川尚義

2006 《台灣蕃語蒐錄》[A Comparative Vocabulary of Formosan Languages and Dialects], edited by Paul Jen-kuei Li and Masayuki Toyoshima. Asian and African LexiconSerieds No.49. Research Institute for Languages and Cultures of Asia and Africa, Tokyo University of Foreign Studies.

Ogawa, Naoyoshi and Erin Asai 小川尚義、淺井惠倫

1935 《原語による台灣高砂族傳說集》。台北帝國大學。

Ting, Pang-hsin 丁邦新

1978 古卑南語的擬測，《中央研究院歷史語言研究所集刊》49.3:321-392。

Tsuchida, Shigeru 土田滋

1971 List of Words of Formosan Languages. Mimeographed, 40pp.

1980 プユマ語（タマラカオ方言）語彙——付・語法概說およびテキスト，《黑潮の民族、文化、言語》，183-307。東京：角川書店。

1982 *A Comparative Vocabulary of Austronesian Languages of Sinicized Ethnic Groups in Taiwan. Part 1: West Taiwan.* Memoirs of the Faculty of Letters, University of Tokyo, No.7.

Tsuchida, Shigeru, Yukihiro Yamada and Tsunekazu Moriguchi 土田滋，山田幸宏，森口恒一

1991 《台灣・平埔族の言語資料の整理と分析》。*Linguistic Materials of the Formosan Sinicized Populations I: Siraya and Basai.*Department of Linguistics, University of Tokyo.

Tung, T'ung-ho 董同龢

1964 《鄒語研究》*A Descriptive Study of the Tsou Language, Formosa.* Institute of History & Philology, Academia Sinica Special Publications No.48。中研院史語所專刊之48。

三、如何蒐集詞彙資料

詞彙資料的蒐集最好是經年累月地做。能夠這樣做的人大都是本族人、傳教士以及少數人類學研究工作者。語言學者平常都希望在短期內就蒐集到他們感興趣的語言現象和資料，因此他們所蒐集的詞彙大都有選擇性，而缺少全面性和廣泛性。若要做較全面性的詞彙蒐集，需要語言學者和族人較長期的合作。

如果讓本族人士憑空去想，就想不到多少個單字。如果讓採集者隨便東問西問，因爲不瞭解其語言和文化背景，結果也不會令人滿意。有的語言學家乾脆都不問單字，只蒐

集長篇語料（texts），包括傳說故事、節慶和日常生活的敘述等，再從語料中把單字提出來。以這種方式所得的詞彙資料，每個單詞的用法和語意都清楚，不易產生誤解，資料也翔實可靠。而且可以收到各種語法詞（grammatical particles）。可是，長篇語料不久就說完了，報導人再也找不到什麼話題可說了。有的詞彙一再地重複出現，我們所能收集的詞彙數量仍然有限，就得另外想辦法了。

我認為要蒐集大量的詞彙資料，除了記錄長篇語料之外，應該分類去問發音人，例如分動物、植物、自然界景物、身體各部名稱、動詞、形容詞、疑問詞、數詞等等。以動物類為例，又可細分為鳥類、獸類、爬蟲類、昆蟲類、魚類等等。最好有彩色圖片給發音人看。要採集動物名稱，得

全面性的詞彙蒐集，可豐富詞典內容，但需要族人與語言學家長期的合作。

要知道台灣各地區有哪些動物，因此採集人應該收集和閱讀有關的圖書。分類詢問的優點是：發音人知道採集人要的是什麼，他會主動提供一些相關的詞彙。例如，問「螞蟻」怎麼說，他會說螞蟻有好幾種，各有不同的名稱。對文化背景愈瞭解，能蒐集到的詞彙也就愈多。例如高山族有很豐富的狩獵文化，至少有七、八種不同的「陷阱」，各有不同的名詞和動詞。

分類蒐集詞彙時，可以跨詞類（categories or parts of speech）去詢問。例如，問到「血」時，也可以問「流血」、「吸血」、「吸血蟲」、「月經」等。

不同的發音人常有不同的專長和知識。有的人擅長講傳說故事，有的人熟悉各種動物，而有的人卻認得各種野生植物並且知道名稱，只有少數人熟諳巫醫和巫術。研究者在採集某一類詞彙時，也應打聽誰具有關於那一類的知識最豐富，再去個別請教。

由此看來，蒐集詞彙資料須要許多人的參與，資料要逐步累積起來。我們不能企望在短期內就可以蒐集到很豐富的詞彙資料。從事這種工作的人，多少要有使命感，願意犧牲奉獻，花上很多時間，而結果可能只是爲少數人服務。

四、如何編排

詞彙次序要如何安排，才方便檢索？一般詞典都不外採取這兩種方式編排：（一）按本土語言的羅馬字母或國際音標次序排列，如 Cauqelin（1991）, Duris（1969, 1987）, Egerod（1978）, Ferrell（1982）, Fey（1986）。（二）按翻譯語言（如英文、法文）的字母次序排列，如 Duris（1970, 1988）, Flahutez（1970），以上依法語字母排序；小川（1930, 1931, 1933）依日語字母排序。屬於第一種的編排方式最爲普遍，本族人士使用起來也最爲方便。如果只有第一種編排，應該附第二種編排的索引，以方便檢索。做了這種索引的，只有董同龢的《鄒英詞彙》、易家樂的《泰雅英語詞典》、費羅禮的《排灣英語詞典》、高格娜（Cauqelin）的《卑南法語詞典》，而其他如方敏英的《阿美語字典》就沒有附索引，因此不懂阿美語的人要檢索就很困難了。

按羅馬字母排列，看來簡單，眞正編排起來往往會遇到一些困難。例如，喉塞音 ʔ（或寫作 '）依序應該排在哪裡？依其發音的部位和方法，我們建議把它排在 q 之後；如果沒有 q，就排在 q 的位置。又如以 ng 代 ŋ 表示舌根音，可以排在字母 n 之後，o 之前。但在 n 字母之下如果有 ni、nu 等語法詞或部分詞形，若嚴格地按字母次序排列，ni、nu 等就會落在 ng 之後，也就是會把含 ng 字母的詞拆開，這樣做是不妥當的。我們認爲應該把 ng（或其他由兩個字母組成單一的語音符號，如以 th 代表 θ，以 ae 代表 æ）看成單一字母符號，它的排序都在 n 之後，在 o 之前才妥當。又如央中元音 ə，一般編者常以 e 代替，以方便打字印刷，也就可以排在 e 的位置。

此外，語言學工作者通常按照類別蒐集詞彙資料，通常也就以類別的方式發表，例如森丑之助（1909）的排灣、阿

整理編排田野調查採集來的資料，需要謹慎有耐心。

美、布農三種蕃語集、李方桂師的邵語、李壬癸（Li 1978）的賽夏語、土田（1980）的卑南語，都是分類列舉。比較詞彙表也都是採用這種方式編排，如小川、淺井（1935附錄）、費（Ferrell 1969:83-418）、土田（Tsuchida 1971, 1982）。除非附有索引，如Ferrell（1969:79-81）, Tsuchida（1982:159-166），使用人要檢索並不方便。

一個語詞如有不同的變化形式，要如何編排？例如鄒語「給」這個詞，就有以下這幾種變化形式：mofi, fii, faeni, poamofi，前三種表現不同的焦點，第四種是使役動詞。按照鄒語的字母次序排列依次為：faeni, fii, mofi, poamofi。那麼，在每一種形式之下都列舉其他各種變化形式，還是只在其中一種之下列舉就可以了？爲了節省篇幅，我們建議只在最普通的形式（neutral form），也就是在主事焦點形式 mofi 之下列舉各種變化形式，而在其他三種變化形式，如 fii 下，只要註明參見 mofi 就可以了。由同一語詞所衍生的詞形（derivatives）可能很多，有時難以窮舉。這可說是編寫上的困難之一。至少在衍生式，如 poamofi「使給」下，應注明由 mofi 衍生而來。

從語言學者的立場，一個動詞的各種變化形式如果能列在動詞語根（root）之下最爲簡便。可惜在許多語言，語根並不是自由語式，因此並非眞正的詞項可以編列在詞典中。例如布農語「吃」的變化形式，包括 maun（主事焦點）, kaun-un（受事焦點）, kaun-av（命令式）, pa-kaun（使役式）。它的語根是 kaun，只可惜並沒有這種自由語式（本族人士並不知道有這種抽象形式的存在，因此也就無法查尋），否則就在語根之下列舉最爲方便。因此，布農語這個「吃」動詞各種形式說明仍以放在 maun 式下爲宜。

除了動詞有變化形式，各種語言的人稱代詞也都有幾套的變化形式，可分主格、斜格、屬格、處格而有不同的形式，共有幾套因個別語言而異。許多語言的人稱代詞都有長形和短形的不同。例如泰雅語賽考利克方言的「我」的主格是 kuziŋ, sakuʔ, kuʔ，屬格是 makuʔ, mu，斜格或處格是 knan。要以哪一種形式爲「基準」？通常說話人最容易想到的就是最普通的形式，如前述泰雅語 kuziŋ，賽德克語的 ðaku「我」，可以以這些人稱形式爲基準。類似這樣的問題都值得進一步研究。

有的語言連名詞都有不同的變化形式。例如魯凱語茂林方言：

arima	「手」	arime-li	「我的手」
mamaa	「父親」	mami-nmaa	「我的父親」
danɨ	「房子」	da-li	「我的房子」
glogava	「手指」	glogavna-li	「我的手指」
ŋree	「唾液」	os-ŋare	「流口水」

以上如果以簡單的語位做爲基準列入詞典，那麼帶有附加成分的變化形式也應有所說明。這些都要透過專業的語言學研究，才能做到。

如今有電腦的方便，在詞典的編排和編輯技術上都不會有什麼大問題。

五、書寫系統的選擇

台灣南島語言的書寫系統，歷年來共有這幾種不同的方式：

（一）羅馬字：三百多年前，荷據時代的傳教士使用羅馬字記錄了西拉雅語、費佛朗（Favorlang）語。西拉雅人學會了使用羅馬字拼寫自己的母語之後，沿用它來寫契約文書（舊稱「番仔契」）一直到十九世紀。歐洲人士到台灣來也用羅馬字記錄一些南島語言的詞彙，如 Bullock（1874-5）, Guerin（1868）,

Steere（1874）。

（二）漢字：從十七到十九世紀清領台灣期間，漢人使用漢字記錄若干南島語言的詞彙，如《小琉球漫誌》（朱 1763），《諸羅縣志》（周 1717）。也有人用漢字來記錄若干南島民族的歌詞，包括貓霧捒（宋 1952）、道卡斯（宋 1956；李，未發表），可惜那些歌曲後來沒人會唱，也不知道什麼意思。

（三）日文片假名：日治時代日本警察、民族學者（如森 1909a、b、c）、語言學者（如安倍 1930）、業餘人士都曾以片假名記錄各種台灣南島語言的資料，包括詞彙、會話等。

（四）注音符號：光復以來，因為國民政府禁止使用羅

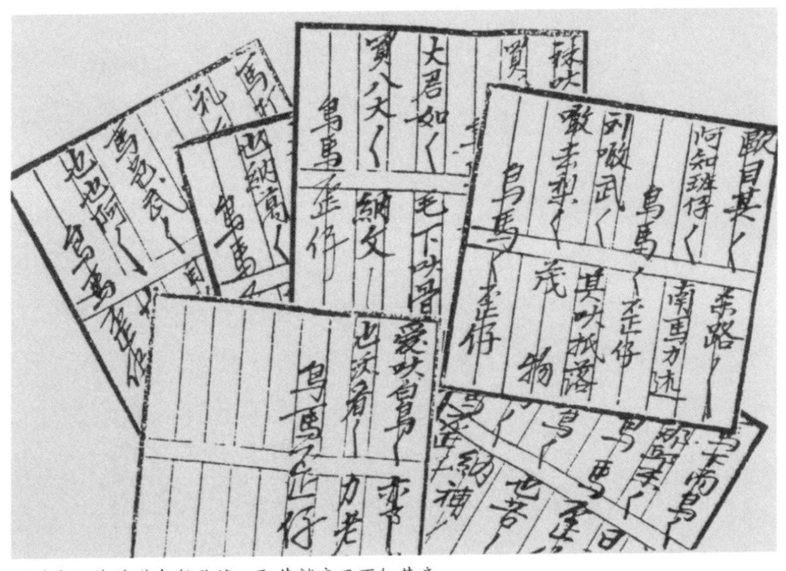

用漢字記錄的道卡斯歌謠，取其諧音而不知其意。

馬字，部分傳教士就改用國語注音符號來寫聖詩、聖經。因爲注音符號不敷使用，就爲個別的語言額外創造一些新的注音符號（利用現有的注音符號加添筆劃而成）。最近幾年台灣若干地方政府推行母語教育，也有採用這種辦法的，如屏東縣政府編印的排灣和魯凱母語教材，台北縣烏來國民中小學編的《泰雅母語教學教材》，都是兼用羅馬字和改良式的注音符號。

（五）國際音標：如易家樂（Egerod 1978）的泰—英詞典，聶甫斯基（Nevskij 1935）的鄒族語典，費羅禮（Ferrell 1982）的排灣詞典。

因爲每一個漢字和日文片假名都只是代表一個音節，而且漢語和日語的語音系統都比較簡單，所以無法準確地顯示語音系統複雜的台灣南島語言。漢字和片假名都遠不如拼音文字（如羅馬字）適合書寫語音變化相當複雜的台灣南島語言。

提倡使用注音符號來書寫母語的人士認爲，國小學童已經熟悉注音符號，因此採用注音符號可以減輕學童的負擔。其實注音符號並不夠用，必須爲每一種母語添造一些新的符號，有的語言必須添造多達十多個符號，例如排灣語需新造十三個聲母。因此並沒有減少多少負擔。此外，新添的注音符號都是利用現有的注音符號加以改寫，形式上很相似，雖然有方便記憶的優點，卻也容易造成誤認。現有的注音符號也好，改良式的注音符號也好，使用起來最不方便的地方就是打字的困難和印刷的麻煩。其實，最嚴重的問題是：注音符號只適合音節結構很簡單的單音節語言，如國語，而對於多音節語言，其音韻系統、構詞、動詞變化都複雜的台灣南島語言，注音符號的缺點眞是不勝枚舉。

其實，學童到了國中都得學習英文二十六個字母，也得學習國際音標。因此，從長遠看，使用國際音標或羅馬字來書寫台灣南島語言可說是優點最多，缺點最少的辦法：

1. 記音最精確。
2. 所需的符號最少，每種語言最少的只需十六個符號（如卡語），最多的也只需二十七個符號（如排灣語）。
3. 打字印刷都方便。
4. 詞典的編排最方便。
5. 檢索查尋也最方便。

民國七十九年教育部委託本人研究台灣南島語言的書寫系統，次年完成的《台灣南島語言的語音符號系統》手冊，由教育部教育研究委員會出版並公佈試用，不僅可以提供母語研究工作參考，也可以提供詞典編纂者參考使用。

六、編纂內容

除了單詞的解釋和例句外，一部詞典還要提供哪些訊息？

首先，每一個語詞或詞項（lexical entry）都要有語音、語法、語義三項的訊息。語音可由國際音標或羅馬字母標示出來。語法方面要說明是屬於哪一種詞類，它的用法和例句。跟它相關的語詞，如同義詞、反義詞，都可以列舉或標明，特別是由同一語根變化或衍生而來的相關語詞形式更應該標示出來。語義通常就用翻譯語（如國語、英語、法語）表示。其實也可以用本土語言說明，例如以泰雅語說明每一個泰雅語詞，這是方便本土人士的使用，也可以提供語言研究者的參考。為了兼顧國內外人士參考的需要，解釋或翻譯的語言最好兼有中文和英文，如《阿美語字典》所採用的辦法。

詞典之前應有編輯要旨或說明，更須要有簡單扼要的語法（包括語音、構詞、句法）說明，如易氏（Egerod 1978）的泰雅詞典和費氏（Ferrell 1982）的排灣詞典在書前所寫的前言，對於使用者非常有幫助。書後要有索引和參考書目。

七、現有的幾種詞典評介

（一）小川尚義的三本語集（1930-1933）

小川編的三本袖珍本《アタヤル語集》、《アミ語集》、《パイワン語集》分別為泰雅、阿美、排灣三種詞典，各收了大約六千條日語—台灣南島語對照的詞彙。他兼用日文片假名和國際音標來記音，記音相當精確，他對於這些語言的結構又有深入的研究和瞭解。這些資料的可信度很高，因此有很高的學術參考價值。記音上的小缺點，例如泰雅語字尾喉塞音有辨義作用，小川都略去未記。

最可惜的是編排方式，都是以日語爲主體，而不是台灣南島語爲主，因此日語用得到的就有台灣南島語的對譯，單詞或片語，而台灣南島語的重要詞彙若是日語所沒用的就遺漏。此外，必須熟諳日語的人才能查到他所要的單字。編排的順序按照日文字母片假名アイウエオ等。

書前都有六至七頁的「凡例」，書後也都附了二至六頁的「正誤表」。泰雅語是以新竹大溪郡竹頭角社（Squliq）方言爲根據。阿美語是以花蓮奇密社的方言爲主，並附註太巴塱、馬蘭、馬太鞍三社的方言。排灣語是以恆春郡加芝來社方言爲主，並附註高士佛社方言。

以上三本語集都在三〇年代初（1930-1933）由台灣總督府出版，台北大陸書局在 1967 年翻印。

（二）費羅禮的《排灣詞典》（*Paiwan Dictionary*, 1982）

費羅禮（Raleigh Ferrell）編寫的《排灣詞典》於 1982 年在澳洲國立大學出版，全書共 511 頁。是以古樓方言（Kulalao）爲準。

此書共收有約三千個語幹（stem），在很多語幹之下列舉各種變化或衍生的詞形，都用英文解釋。記音準確，資料也很豐富。書前有長達 48 頁的說明，包括語言、方言、音韻、構詞、句法、數詞、對於古南島語音的反映等。書後附有一百多頁的英文索引，查尋很方便。編者對排灣語言的瞭解最爲深入，已掌握了排灣語結構，建立了他的初步語法體系，因此在詞典中列入了語法詞如 a, nu，詞綴如 mu-, -en,

-a 等條。

這是到目前爲止，爲排灣語提供最豐富的詞彙資料。正如土田（1972）對此書出版前的油印本所作的評介，此書的一個特徵是植物方面的語彙相當不少。

（三）方敏英的《阿美語字典》（*Amis Dictionary*, 1986）

這部《阿美語字典》是集合許多人經過多年辛勤工作編寫而成的。全書 449 頁，於 1986 年由中華民國聖經公會正式出版。

這部字典是根據語根（roots）而編排的，共收了三千多個語根，都有英文和中文的翻譯，有些語根給了例句，也都有中英譯文。有些單字並附有圖畫說明，尤其是傳統的工具。編排的方式是根據聖經公會製訂的阿美語羅馬字母次序排列的。比較特別的地方是以 g 代表舌根鼻音 ŋ（可用 ng 標示）。標音大致上都準確，但其 ' 號卻實際代表兩種不同的音位：一個是咽頭化的喉塞音 ʡ（可用 q 標示），另一個是喉塞音 ʔ（其他語言都採用 ' 標示）。將來的修訂本，希望能改進這些缺點。

此書以中部阿美方言，也就是大多數阿美族人所使用或熟悉的方言爲準。附錄有花蓮方言、光復方言、南方方言若干單字表，資料當然不全。書前有導論和字典用法指引。書後除參考書目外，還附有數十張器物圖片，是珍貴的文物資料。印刷上的錯誤，尚待訂正的地方仍然不少。

這部字典主要爲阿美族人的使用而編寫，以阿美語爲主體，是此書最大的優點。但是不懂阿美語的人就很難查尋他所要的詞彙了。應該附以單字索引，最好是英文的索引，以方便讀者的查尋。

（四）易家樂的《泰雅語—英語詞典》

（*Atayal-English Dictionary*, 1980，增訂本於 1999 年出版）

易家樂（Søren Egerod）的泰雅語詞典初版於 1980 年在曼谷首次刊印。1994 年榮獲我國教育部頒發的母語語彙詞書組甲等獎。

這部泰雅語詞典主要是根據編者歷次（1961 年 12 月至 1962 年 5 月，1969 年秋）在桃園縣復興鄉、台北縣烏來鄉所蒐集的田野資料編輯而成的，他也參考了小川的泰雅語集。他們都是以泰雅語通行範圍最廣的 Squliq 方言爲對象。編者後來又來台研究了兩次，每次約三個月，最近一次是 1993 年 8 月至 11 月，增補和修訂泰雅語資料。

編者是傑出的語言學家。他記音精確，對於泰雅語結構有深入的研究和極良好的掌握。這部詞典的編寫已有作者研究多年和他獨創出來的語法體系做基礎，因此其內容和編輯形式都優於現有的一般台灣南島語言詞典。

每一個詞項（lexical entry）和詞綴（affix）都有英文解釋，重要的詞項和詞綴都有許多例子，這些例子都是取自編者所記錄的長篇語料（texts）或例句，材料翔實可靠。由同一個語根衍生的各種變化形式，也都有所記載（cross-reference）說明。書後附有英文索引，因此查尋非常方便。

本人和土田滋都主張泰雅語的半元音 y, w 應爲獨立的

丹麥籍名語言學家易家樂（右一），生前最後一次到台灣調查泰雅語，增訂他的《泰雅—英語詞典》，與中央研究院語言所同仁留影。

音位。也就是說 y（或作 j）與 i，w 與 u 應區分開來。易家樂過去所發表的論文和詞典都沒有做這種區分。最近幾年，他終於接受了我們的主張，在他的泰雅語詞典的增訂本（Egerod 1999）也改採這種系統了。只可惜他仍然不肯把只出現在字尾的長元音 ii 改爲 iy，把 uu 改爲 uw，使系統更整齊。增訂本是在他去世之後由他的同事歷史學者 Jens Østergaard Petersen 代爲編輯，於 1999 年出版，可惜沒有索引。

全書雖然長達八百頁，但詞項總數並不多。此外，編者對於南島語比較研究似乎不太熟悉，因此漏收一些比較研究所需要的詞彙資料。

綜合而言，此書是高水準的學術著作。

（五）Caugelin的《卑南一法語詞典》

（*Dictionnaire Puyuma-Français*, 1991）

法籍人類學者 Josiane Cauqelin 所編的《卑南一法語詞典》（三二七頁），共收了三千多個語詞或語根。書前有30頁的語法，包括前言、南王音韻、構詞、動詞結構、數詞的變化說明。書後有法文索引以及二十一個器物的繪圖說明。

編者於1984-85年曾在南王居住並學習南王方言，又有土田（1980）所收的相當豐富的太平村方言的詞彙資料供參考。因此她所蒐集的詞彙資料內容也相當豐富。

這部詞典是用法文編寫的，對於一般國內人士而言，使用並不方便。將來有必要時再找人把它譯成中文或英文。在目前，精通英文或日文的人可以參看土田滋（1980）的「プユマ語（タマラカオ方言）語彙」（是屬於和南王不同的方言）。讀者也可以參看丁邦新（1978）的卑南語各方言詞彙比較表（近一千個詞項）。有關卑南語法的簡要說明，讀者可以參看土田（1980）用日文寫的「語法概說」（pp.190-218）和Cauqelin（1991）用英文發表的"The Puyuma Language"。她的卑南語詞典增訂本已改寫爲英文版，希望不久會正式出版。

（六）杜愛民神父的布農和阿美詞典

法籍神父杜愛民（Father Antoine Duris）在花蓮縣富民天主堂傳教多年，陸續編寫了以下四種詞典：

1. *Dictionnaire Amitsu-Français*（阿美一法語詞典），1969。

謄寫版油印本，132 頁。

2. *Dictionnaire Français-Amitsu*（法語—阿美詞典），1970。謄寫版油印本，124 頁。

3. *Lexique Bunun-Français*（布農—法語詞彙），1987。油印本，233 頁。

4. *Vocabulaire Français-Bunun*（法語—布農語彙），1988。謄寫版油印本，270 頁。

他所蒐集的阿美語和小川較早所收的是同一方言——以奇密社方言爲主，共收了七千多個詞彙。這是他經年累月蒐集的結果，資料豐富，很有參考價值。

他所蒐集的布農語是屬於中部的 Takivatan 方言，在花蓮縣萬榮鄉馬遠村採集，共收約八千個語詞，資料豐富。有關布農語詞典資料的編寫，他頗得力於另一位法籍神父余發光 Marcel Flahutez（1903-1975）早先所編的：

5. *Dictionnaire Français-Bunun*（法語—布農詞典），1970。謄寫版油印本，252 頁。

因此，他後來編寫的 *Lexique Bunun-Français* 獻給余發光神父。

杜神父所採用的標音法有一些缺點。第一，他把小舌音 q 寫作 kh（字首）、hk（字中，字尾）或誤作 k，因此在字母的排序上，舌根音 k 和小舌音 kh 就混在一起。第二，他把齒間擦音 ð 寫作 d，因此和舌尖塞音 d 相混，這是誤將兩種不同的音位合併爲一種，問題較嚴重。第三，他標寫同一音位 v 的自由變體（free variants）爲 f 或 v，以及同一音位 u 爲 u 或

o，因此造成查尋的不方便。然而，既然每種語言他都已編就雙向的查法（如布農—法語和法語—布農），如果了解他標音上的缺點，使用起來並不太困難。只是使用人必須了解這些語言的語音系統，引用時必須格外小心。有些語詞得要自己去查核布農族發音人，才保無誤。

余神父卻把 q 標寫作 kr（字首）或 rk（字中，字尾）或誤作 k。此外，杜、余兩人都以 g 代表舌根鼻音 ŋ。

此外，有些重要或常用詞漏收，例如漏收「肚臍」、「貓頭鷹」等詞。

（七）培可拉樂（Ferdinando Pecoraro）的《太魯閣—法語詞典》（Taroko-Français, 1977）

這位傳教士在太魯閣長住了十七年之久，經年累月地蒐集當地的太魯閣方言資料。這部詞典厚達三三七頁，不但所收的詞彙項目極多（大約二千個語根，詞項有數倍之多），而且許多詞彙，尤其動詞，都有許多例句，因此提供很可貴的研究和參考資料。在同一個動詞的語根之下，他列舉各種變化形式，各有說明和例句，這顯示編輯者對於這個語言的結構和詞彙之間的關係已有相當程度的瞭解，而且大致都是正確的。

如同其他傳教士所編輯的詞典一樣，太魯閣詞典也有一些缺點。因爲沒有受過專業的語音學訓練，培氏的記音不夠精確，而且有些混亂。最常記錯的包括（1）舌根塞音 k 和小舌塞音 q，（2）舌根擦音 x 和咽頭擦音 h，（3）邊擦音 l

和顫音 r，以上這些都有辨義作用的語音他常會弄錯，因此引用資料的人要小心。此外，他以一撇表示略有停頓（pause）或音長（duration），例如 *s'pi*「夢」，其實那是代表 ə 元音。他卻以兩撇表示喉塞音，而國際慣例是以一撇代表喉塞音。以下舉若干例字，藉以說明此書記音上的一些問題：

kl'ŋun「煙」應作 qrəŋun

d'xgal「地」應作 dhəgal

walo「頸」應作 waru

wa''lo「蜜蜂」應作 walu

sliyux「改變」應作 sriyux 或 priyux

dalex「近」應作 dalih

punyaq「火」應作 puniq（說明：高元音 i 和 q 之間是有過度元音 ə）

本詞典的另一個缺點就是沒有索引，查尋不方便。

（八）李壬癸、土田滋合編的《巴宰語詞典》

（*Pazih Dictionary*, 2001）

巴宰族是西部平原五種平埔族群之一，是母語文化保存得較長久的一種，直到今天都還能找到極少數懂得母語的老人，但很快就會消失。語料之蒐集前後橫跨了一個世紀之久，從 1897 年伊能開始做調查起，先後有小川（1922）、淺井（1937）、Ferrell（1969）、土田（1969）、李壬癸（1976）、林英津（1988）、Blust（1999）等。本詞典主要是將土田滋跟李壬癸歷年來所蒐集的巴宰語言資料編輯而成，又經過無數次與發音人潘金玉老太太核對並增補新資料才完成的。作者也納入

巴宰族發音人——潘金玉老太太（不幸於2010年10月24日去世）

了其他學者所收的資料，但都經過核對無誤後才收進來的。

本書的主體部分是巴宰詞典，單字和例句都有中、英文的解釋或譯文。書前有巴宰語法導論，書後有英文索引，以方便查尋和檢索。巴宰語法包括音韻（共時與貫時）、構詞（詞綴與重疊）、句法（焦點系統、格位標記、人稱代詞、動貌、命令、疑問、否定、使役、名物化）等。

誠然本詞典仍然有一些可以改進的空間。語法分析部分，仍然還有一些不夠令人滿意的地方。書後的索引只有英文索引，卻沒有中文索引，對我國一般人士的參考使用並不方便。中文索引若按照筆劃排序，查尋起來確實有技術上的困難。

（九）白樂思（Robert Blust）的《邵語詞典》（*Thao Dictionary*, 2003）

這部邵語詞典，語言資料極爲豐富。前言部分含音韻、構詞、句法、文本等就有二百多頁，其中文本有五篇。詞典本身近八百頁，以邵語的語根爲主體排序，由同一語根衍生的各種變化的詞彙形式（derived forms）不但有譯文，而且常有不少的例句。後面附有英文索引，懂得英文的人大致上都可以查到他所要檢索的邵語單字及其例句。全書共有一千一百多頁。書前面有一張邵族在一百多年前的分布圖以及其主要發音人石阿松夫婦的近照（都由李壬癸提供）。

國際南島語比較研究的權威學者Robert Blust

本詞典全部用英文，對於一般不懂英文的人使用起來並不方便。即使英文好，又熟悉台灣南島語的人，有些詞也難以查檢，例如*pu-say-in*「放進，倒進」得要在sahay語根之下才查得到。好多語詞並沒有收入，例如*pu-saran*「以巫術醫治」

一詞並未收入。有不少鳥名如 *puqpuq*, *tan-punuq*, *mika'aq*, *shankuri'an*， 植物名如 *shazawash*, *tazaqas*, *kazinkin*, *tu'a'a*, *puzuk*，魚名如 *lhilhpit*, *fanilh* 等等都漏收了。有的植物名雖然收了，但不知學名，如 *qalhus*, *fafalhaz*。誠然詞彙難以蒐全，因此詞典必得經常要增補和修訂。然而，要編纂和出版一部詞典得要經年累月地做，至少要消耗好幾年的時光，對於即將消失的語言如邵語，豈能侈談增訂之事？

這部詞典所選用的羅馬拼音字母，有的也難以令人苟同，例如，以 c 代表齒間清擦音 ð，以 g 代表舌根鼻音 ŋ。編者主要的考慮是爲了方便書寫和印刷，對於實質的語音就要做一些犧牲了。

（十）李壬癸、土田滋合編的《噶瑪蘭語詞典》

（*Kavalan Dictionary*, 2006）

《噶瑪蘭語詞典》於 2006 年底出版。這部詞典一出，現存的三種平埔族語言：巴宰、邵、噶瑪蘭，都有了語言學者編寫的詞典了，而且都在中央研究院語言所通過嚴格審查的程序才出版的。這是很値得慶幸而且令人欣慰的事。

噶瑪蘭語本來是在蘭陽平原使用，但在原居地已經成爲死語，幸而在十九世紀中葉（1840 年起），有一部分族人從加禮宛經由海上南下到花東沿海一帶定居，今日仍然使用噶瑪蘭語。我們的語料大都是從花蓮縣豐濱鄉新社村採集來的。除了編者土田滋和李壬癸以外，詞典也收進了過去研究過噶瑪蘭語好幾位學者和研究生所蒐集的詞彙和例句，包括小川尚義、淺井惠倫、清水純、研究生的碩士論文和學期報告等，其中以小川的詞彙資料最爲豐富。早在十多年前，土田滋和李壬癸分別各自編了一部噶瑪蘭語詞典。我們把這些語言資料都整合在一起，修訂補充前後又費了十幾年。因爲是活的語言，每次去調查，都可能收到新的語彙或詞形，例句更是無窮盡。

前言就是小型的參考語法書，提出一些前人尚未觀察到的現象。例如，噶瑪蘭語具有雙生輔音（geminate consonants），如 ll, rr, ss, tt 等等；又如，噶瑪蘭語有些動詞和名詞的區別，只在低元音 a 的有無，如 *tbaku*「香菸」，*tabaku*「抽菸」。

如同我們所編的《巴宰語詞典》，單語和例句都有中英文的翻譯，因此中外學者都可以參考。書後附有英文索引，只要粗通英文的人，查詢都很方便。

（十一）小川尚義（2003）的 *English-Favorlang Vocabulary*，李壬癸編輯

西部平埔族群除了巴宰語以外，都早已消失了。荷蘭時代傳教士 Gilbertus Happartus 曾於 1650 年以荷蘭文編寫了彰化地區的 Favorlang 方言（屬於貓霧捒語）詞典。後來 Medhurst 發現他的稿件，把它整理出來，譯成英文，於 1840 年在 Batavia（今雅加達）出版。曾在南部傳教多年的蘇格蘭人甘爲霖 William Campbell，於 1896 年把這部詞典收入他編輯的專書《費佛朗語傳教資料》（英文）中。這部詞典是

以 Favorlang 方言的羅馬拼音 26 字母排序。小川尚義重新以英文詞義排序，整理成四冊手稿（於 1999 年才在名古屋南山大學找到其中一冊）。我跟土田滋等人執行了一個跨國的研究計畫，由助理依照小川的稿件全部輸入，我又寫了導言，於 2003 年交由東京外國語大學亞非語言文化研究所出版。如今有分別以 Favorlang 方言排序和以英文排序，這二種版本都可以參照使用，提供研究的方便。

（十二）小川尚義（2006）編的《台灣蕃語蒐錄》，李壬癸編輯

小川尚義大概為了個人研究引用資料的方便，曾收集各種台灣南島語和方言，共有 163 種語言資料之多，有不同時代不同人的記錄。他列舉了 286 個詞項，都是很基本的詞彙，以語意分類列舉：身體各部位名稱、親屬稱謂、自然界景物、時間詞、方向詞、動物、植物、物質文化、靜態詞、動態詞、人稱代詞、疑問詞、數詞等。他雖然沒有使用現代的語言名稱，但是都把同一種語言的不同方言資料安排在一起，以便比較研究之用。為了方便讀者辨認，我補上了各種語言的名稱：Atayal, Seediq, Thao, Bunun, Tsou, Saaroa, Saisiyat, Taokas, Papora, Babuza, Hoanya, Siraya, Yami 等，以上也就是小川所列舉的次序。在日治時代早期（二十世紀初），人們對於語言的隸屬關係有的還並不清楚，例如 Saaroa 跟 Kanakanavu，Rukai 跟 Paiwan，因此這部分的次序有點混亂，甚至有的地方弄錯。我們仍保留他原來的次序，只是把

語言名稱都標清楚就是了。

對於現存的三種平埔族語（邵、噶瑪蘭、巴宰），我補入了我所蒐集的語言資料，以便比較，也是爲了使用人方便做參考，因爲對三種平埔族語言的記音精確性我較能掌握，而對於已消失的語言資料就難以掌握。希望有助於讀者了解小川資料的正確發音。小川所用的一些特殊符號作用是什麼，我們雖不清楚，仍然保留。小川的原稿現仍保存在日本東京外國語大學亞非語言文化研究所，讀者若有疑問，可以上網去查對。這部詞彙比較詞典也是在該所出版。

語言學小百科

台灣南島語言詞典書目

Blust, Robert

2003 *Thao Dictionary*. Institute of Linguistics, Academia Sinica, Language and Linguistics Monograph Series No.A-5.

Cauquelin, Josiane

1991 *Dictionnaire Puyuma-Français*. Ecole Francaise d'Extreme-Orient. Paris.

Duris, P. Antoine 杜愛民

1969 *Dictionnaire Amitsu-Français*. Mimeographed, 132pp.

1970 *Dictionnaire Français-Amitsu*. Mimeographed, 124pp.

1987 *Lexique de la Langue Bunun en Usage a Ma-hoan* (馬遠). Mimeographed, 223pp.

1988 *Vocabulaire Français-Bunun*. Pretre de la societe des Missions etrangeres de Paris. Mimeographed, 270pp.

Egerod, Søren 易家樂

1978 *Atayal-English Dictionary*. Scandinavian Institute of Asian Studies, Monograph Series No.35. Curzon Press.

1999 *Atayal-English Dictionary*, 2nd edition, edited by Jens Østergaard Petersen. Copenhagen: The Royal Danish Academy of Sciences and Letters.

Egli, Hans

2002 Paiwan Wörterbuch *Paiwan Dictionary*. Wiesbaden: Harrassowitz Verlag.

Ferrell, Raleigh 費羅禮

1982 *Paiwan Dictionary*. Pacific Linguistics, C-73. Canberra.

Fey, Virginia 方敏英

1986 《阿美語字典》*Amis Dictionary*。財團法人中華民國聖經公會出版。

Flahutez, Marcel

1970 *Dictionnaire Français-Bunun*. Mimeographed, 252pp.

Jeng, Heng-hsiung 鄭恆雄

1971 *A Bunun-English Dictionary*. Mimeographed, 107pp. Taipei.

Li, Paul J. K. and Shigeru Tsuchida（李壬癸，土田滋）

2001 *Pazih Dictionary*《巴宰語詞典》. Institute of Linguistics (Preparatory Office), Academia Sinica Monograph Series No.A2.

2006 *Kavalan Dictionary*《噶瑪蘭語詞典》. Institute of Linguistics, Academia Sinica Monograph Series No.A19.

Nevskij, N.A.

1981 *Slovar' Dialekta Severnych Cou*. Moskva: Izdatel'stvo Nauka.

1993 《台灣鄒族語典》。聶甫斯基原著，白嗣宏、李福清、浦忠成譯。台北：台原出版社。

Nihira, Yoshiro 仁平芳郎

1988 *Bunun Dictionary*. Private Circulation. (1977初版，第3版1988) アド・インKK出版。

Ogawa, Naoyoshi 小川尚義

1930 《パイワン語集》。387頁。台北：台灣總督府。

1931 《アタヤル語集》。416頁。台北：台灣總督府。

1933 《アミ語集》。412頁。台北：台灣總督府。

2003 *English-Favorlang Vocabulary*, edited by Paul Li. Asian and African Lexicon Series No.43, Research Institute for Languages and Cultures of Asia and Africa, Tokyo University of Foreign Studies.

Pecoraro, Ferdinando, MEP

1977 *Essai de Dictionnaire Taroko-Français*. Cahiers d'Archipel 7. Paris: Société prul'Etude et la Connaissance du Monde Insulindien, 377頁。

八、結語

本文介紹了現有的各種台灣南島語言詞典和單字表，說明編纂對象的考慮，如何蒐集詞彙資料、如何編排、書寫系統的選擇、編纂的內容等各項都詳加說明和檢討。希望對於今後編纂各種台灣南島語言有一些助益。

台灣南島語言本來至少有二、三十種之多，可惜有的早已消失，有的最近才消失，如今僅存的十多種也都面臨消失的危機，不能不令人擔心它們的前途。保存它們的一個途徑，就是及時做較完整的記錄，編詞典便是其中一項較重要

的工作。

然而，台灣南島語言編有詞典的只是少數幾種：泰雅、賽德克、阿美、排灣、卑南、布農、費佛朗（Favorlang）、巴宰、邵、噶瑪蘭等這幾種語言。其他各種語言都還沒有詞典，只是有長短不一的單語表，包括鄒、魯凱、賽夏、雅美、卡那卡那富、沙阿魯阿等。有的詞典仍未正式出版，如布農語，因此不能流傳。已出版的詞典多數已絕版，如小川的排灣、泰雅、阿美，易家樂的泰雅，方敏英的阿美。大部分的詞典都不適合我國人士使用，因爲大都使用外語（日、法、英）解釋。而且，這些詞典都有一些瑕疵，如本文所評述。本文所以要評述那些詞典，最主要的目的就是希望有心人士能結合更多人的力量，編出更完善的各種台灣南島語言詞典，適合我國人參考使用。

目前多數語言連最基本的詞典都付之闕如，更談不上專業的詞典了。

——原載《台灣南島民族母語研究論文集》，1995年

修訂本刊於《原住民族語言發展論叢—理論與實務》，2007年

一般參考書目

李壬癸

1991《台灣南島語言的語音符號系統》。教育部教育研究委員會。

張學謙、楊允言、董恕明編

2007 《原住民族語言發展論叢——理論與實務》。台北：行政院原住民族委員會。

Abe, Akiyoshi 安倍明義

1930《蕃語研究》。台北：蕃語研究會。

Bulock, T. L.

1874-5 Formosan dialects and their connection with the Malay. *China Review* (Hong Kong) 3:38-46.

Cauqelin, Josiane

1991 The Puyuma language. *Bijdragen tot Taal-Land-en Volkenkunde* 147:17-60.

Guerin, M.

1868 Vocabulaire de dialecte Tayal ou aborigene de l'ile Formose. *Bulletin de la Societe de Geographie* 16:466-495.

Steere, J. B.

1874 "The aborigines of Formosa." *Journal of the American Geographical Society of New York* 6:302-334.

1874-5 "The aborigines of Formosa." *China Review* 3:181-185.

Sydney, I. Landau

1984 *Dictionaries: The Art and Craft of Lexicography.*

Tsuchida, Shigeru 土田滋

1972 高砂族諸語の辭書と語彙集，《學鐙》69.5:42-45。

對於原住民母語教學應有的一些認識

一、前言

語言與文化可說是「唇齒相依」，語言一旦消失，文化的精華部分也就難以保存了。

台灣全島本來有二十多種不同的族群和語言，可是至少有一半已經消失了。消失最早的就是住在平原上的平埔族。西部平原上的平埔族從北到南原來有：Taokas, Papora, Babuza, Pazeh, Hoanya（或分為 Arikun, Lloa）, Siraya（或分為 Siraya, Taivuan, Makatao）。台北一帶原有 Ketangalan（或分為 Basay, Luilang, Kulon）, Senar, Tamchui 等。以上這些族群大都在一百多年前就已消失了自己的母語和文化了。東部平原上的族群，因爲開發較晚，消失得也較晚，從北到南包括蘭陽平原的噶瑪蘭，花東平原的阿美、卑南。在蘭陽平原上的噶瑪蘭，一直到二十世紀初都還保存，如今就得到花東沿海一帶去追尋他們還殘存的母語和文化了。此外，在日月潭的邵族也是在最近幾十年才逐漸消失，移居到埔里的 Pazeh 族也是如此。現

當代南島語言學家，大多肯定台灣南島語的學術地位。圖為作者一九九三年元月帶領國際南島語族學者前往排灣部落拜訪途中。

存還不到一半的語言，有的生命垂危，接近消失的邊緣，包括南鄒卡那卡那富和沙阿魯阿，以至於北賽夏（新竹縣五峰鄉）。

即使目前仍然存活的語言，都已經發生斷層的現象：年輕一代的，有的只懂得一些母語，有的卻一點也不懂，因此祖孫兩代就無法以母語溝通了。它們的生機大都在國民政府戒嚴時期受到了嚴重的斲傷。現在如果不及時搶救，就只有眼睜睜地看著它們消失在時代的洪流裡了。

國內外學術界都一致認為：台灣南島語言有很高的學術價值。整個南島民族的許多關鍵問題，如民族的起源和遷移路線，都有賴於台灣南島語言現象的瞭解和問題的解決。

因此，無論從哪一個觀點：民族文化的存續、學術的價值、民族的感情，台灣南島民族的母語問題都是值得大家共同關切的重要課題。

如上所述，台灣南島民族的語言文化在學術上確實是一個寶庫。可惜它們流失得非常之快。弱勢民族本來就處於不利的地位，再加上過去幾十年來國民政府在政策上的偏差，更加速這些語言文化的流失。今日來談母語的維護，雖然爲時已晚，但多少還有「亡羊補牢」的作用。

對於母語的維護，最好的辦法就是多使用，要多講、多學、多教，要鼓勵年輕一代多多使用和珍惜它。

以下說明推行母語教學要建立的一些基本觀念以及母語教學所必須具備的條件，也就是決定母語教學的各種因素。

二、推行母語教學要建立的一些基本觀念

要順利推行母語教學，首先應建立一些正確的基本觀念。

1. 說母語是基本的人權

從小使用的母語，一個人的心智成長、思想、情感都經由這種語言來表達。母語可說是一個人生命很重要的一部

分。別人無權去否定甚至剝奪他的生命的那一部分。語言的功用不止是單純的一種溝通的工具而已。它可以說是精神生活很重要的一面。一個外地人要是會說我們的母語，我們立即會產生一種親切感。母語的功用大矣哉！

如此重要的母語，過去數十年來一直被踐踏、被歪曲。在極權的統治之下，生命尚且沒有保障，何況是一個人的母語？

統治者爲了達到容易統治的目的，爲了控制人民的思想，便編造了許許多多統治者的神話：例如，只有說國語才是好公民，才是愛國；反之，說母語便是搞分裂或別有企圖，便是不愛國，因此便是可恥的行徑了！而統治者自己又何嘗天天在用國語？

2. 學習母語有助於正常心理、認知的成長

一個人的心智成長和他的母語的發展同時並進，兩者息息相關。禁止使用母語無異壓抑正常的心智成長的過程。在民主的社會裡，我們不但不應該禁止母語的使用，而且要鼓勵人們多使用母語，從小就訓練他們多用母語去思考。一個人要是善於運用母語做思考，在他轉換到另一種語言（包括國語）時，他也會一樣地善於思考，心思縝密。如果一個人只會死背教條，不用腦筋，不管他使用國語或母語，這種人對社會實在沒多大用處！

3. 語言都是平等的

每一種語言都有它的特殊價値，都是別的語言所不能取代的。我們可以說，每一種語言都是平等的，它的學術價値絕不在國語之下。

每一種語言都是完美的，都足夠表達一切生活的需要。

國語何以在法律上享受較高的地位？因爲使用國語的人口較多，通行範圍較廣，有悠久的文字和文學的歷史，因此它在政治、文化、經濟的勢力較大。但是，這並不表示它就應該「惟我獨尊」，而排斥異己。

語言學小百科

通用的混合語

在一個地區，有不同母語背景的人使用一種通用語，這種語言就叫做通用的混合語（lingus franca）。例如，英語就是全世界的通用語，我們的國語或普通話就是中國境內的通用語，馬來語就是南洋地區的通用語。

更進一步說，因爲使用國語的人數最多，它包括各種不同的母語背景，所以結構上便趨於簡化。這樣一來，國語的學術價値倒反而不如其他方言和語言了。更寬容一點說，國語最多也不過和其他語言和方言有同等的地位，而不應高人一等。

不過，話要說回來，我們生活在大社會環境中，爲了和多數人溝通，爲了就業做事，我們人人都得學好多數人所使用的普通話（國語），我們才不會孤立，才不致自絕於大社會之外。更進一步地，我們還要學習國際上通行的語言，如英語，我們的知識、資訊才不致於太閉塞。因此，國語的使用也有它的局限性，在國內、國外都如此。

4. 建立健全的雙語教育制度

雙語教育制度就是母語和國語的教學併行，有一定的比例。年級愈低的使用母語教學的就愈多；年級漸高，再逐年增加國語的教學。

在母語不等於國語的地區，實行雙語教育制度是較健康和理性的做法。眞正民主的國家都承認雙語教育的優點，並且建立正常的雙語教育制度而採行。例如，美國加州地區實行雙語教育制度，相當有績效。

聯合國憲章明文規定並認定：使用兒童的母語來教學是最有效的教學方法。這是綜合教育學家、心理學家、語言學家的共同看法。可惜的是，只有眞正的民主國家才肯認眞採行雙語教育制度。

我們的政府有些措施仍然不合民主潮流，不肯採行雙語教育便是其中一個例子。教育部一直都沒有給母語教學合法的地位，國民小學一切的課程設計都是清一色的國語教學。直到國中才有外語（英語）的教學。但從小學到大學，始終沒有一點母語教學的編制。直到最近才同意可以在每週一小時的課外活動教母語。這是不合民主潮流的，這對於母語不是國語的人是不公道的。

5. 母語教學應該納入正規教學的一部分

基於以上各種理由，教育部、教育廳、教育局各級都應該正式承認母語教學的合法地位，並且把母語教學納入正規教學的一部分，尤其是在中小學階段。

依目前的教育制度，幾乎都沒有什麼母語教學的空間和安排，因此有些地方政府的國中小學就只能利用每週一、二小時的課外活動時間來教母語。這種硬擠出來的母語教學時間根本不足，因此教學效果就打了很大的折扣。這種限制其實是不合理的。低年級的學生，其母語教學時數應該不少於國語。甚至有些課程，如數學、生物也都可以用母語來教學。這就牽涉到師資和教材的問題了。

教育部法規應把母語教學明訂爲正常教學的一部分，再責成國立編譯館或各地方政府聘請專家編寫各種母語的教材。目前這些都還沒做到。

我們舊的法規和制度有些尚須做大幅度的修改。全台灣的南島民族有三十多萬，而在行政體系中卻只有內政部民政司之下設的「山地科」，其層次之低、經費之少確實不合理。它的層次應該在「蒙藏委員會」之上，經費預算也要遠超過它才合理。

三、實行母語教學所必須具備的條件

母語教學的成敗取決於以下幾個因素：1. 學生學習母語的意願，2. 教師教學的熱誠與訓練，3. 語言教材的編寫，4. 各方面和各單位的密切配合，5. 要有足夠的教學時間，6. 修訂法規提高母語地位。

1. 學生學習母語的意願

學生學習母語的意願如果很高，學習效果自然很好，進步也會很神速。如果在家又有很多使用的機會，再加上學校、家庭、社會各方面的配合，其效果一定更好。學校也應該灌輸學生正確的觀念：學習和使用母語是正常的現象，對一個人的成長有絕對的好處，而且可以一生受用不盡。

2. 教師教學的熱誠與訓練

教師要有教母語的熱誠，上課前都做充分的準備，上課時都給學生做充分的練習，特別是口語的練習，多變換教學方式以維持學生的學習興趣，學生也就學得多，其道理至爲明顯。老師也應該鼓勵學生在課後多練習說母語。

並不是會說母語的人就懂得教母語。如何教好母語，教師都須經過特殊的訓練，才會有良好的教學效果。

3. 語言教材的編寫

語言教材的編寫是很專門的問題，需要好幾方面的知識，最好要有這幾方面人才的參與：（1）精通母語的人，（2）對這種語言結構有過研究的語言學家，（3）懂得教材教法的人，（4）對該民族文化有一些了解的人。

要有會說母語的人才能編寫語言教材，其道理至爲明顯。但是會說母語的人並不一定就懂得他母語的語法和結構。他即使會拼寫，但不一定就拼得準確。儘管他會說，但他因不了解母語的系統，於是有些分別他就忽略了。他也不太知道句型結構的深淺和難易。若由他放手去編寫語言教材，可能就有不少的缺點。

就以泰雅語爲例，我且舉幾個例子說明一般泰雅族人可能忽略的拼寫問題。泰雅語有很多方言，現所舉的例子只限於 Squliq 方言，如烏來、復興鄉一帶所使用的，但不包括泰安、五峰、尖石、大同、南澳、仁愛等鄉，因都有不少的方言差異，各有不同的語言現象和問題。一般人最容易忽略的是喉塞音的有無和母音的長短。喉塞音的有無，例如：

musa' 去　mami' 飯　mimu' 要求　aki' 祖母

qasa 那個　sami 我們　baqun mu 我知　aki 將要

母音的長短，例如：

laqi' 孩子　nbu' 病　hi' 肉　paqi' 穀皮　inu' 何處

hlaqiy 雪　nbuw 喝　mihiy 打　(b)naqiy 砂　tqinuw 香菇

從以上的例字就可以知道：泰雅語字尾母音有三種不同的情況，如：i, i', iy; u, u', uw。長母音都在字尾，如：bukuw 女人名，baziy 買，nguhuw 鼻，mpuw 十，ksyuw 借，wahiy 蔓藤。

輔音 x 和 h 的分別，例如：

bwax 米　malax 脫　qutux 一

mwah 來　lokah 壯　buquh 香蕉

輔音k和q的分別，如：maki' 在，tnaq 一樣，laqung 雉雞，qwayux 籐。又如：

makux(bakux) 打翻

maqux(laqux) 贏

此外，我們是以ng代表舌根鼻音，但如有n和g的組合時就得加以區分，例如：

ngungu' 怕，尾

min-gluw 一起

有關教材的內容，以能表現日常生活、本族文化特色爲宜，初期應儘量避免使用外來詞，例如ko-cyo校長，hong書，sinsi老師，en-pic鉛筆，ka-bang書包，這些都是日語。泰雅語有很多常用詞，如kayal天，hyal地，rgyax山，tunux石，qsia' 水，wagi' 太陽；而且有不少可以談的話題，如自然景物，周圍的動植物，文化器具等等，不一定要以學校的活動爲話題。

泰雅語教材目前至少有三種不同的教材：1. 烏來國民中小學編的《泰雅母語課外教學教材》(第一、二冊)，2. 泰雅爾中會母語推行委員會編的《泰雅爾語讀本》，3. 黃美金教授編的《泰雅語初級讀本》(文鶴出版)。我們很高興看到這幾種不同的教材。這些讀本各有長處，對象也略有不同，第1、3種乃爲初學者而編，第2種的讀者要有相當高的程度的泰雅語才能使用，並不適於初學者。第3種的編寫人受過專業訓練(包括語言學和教材教法)，讀本內容是由淺入深、循序漸進的泰雅語材料，很適合初學者使用。該書共十二課，每課都有對話、生字、語調訓練、句型練習、口頭練習、發音練習、補充教材、文化點滴等幾種教材。因此，這是目前泰雅語最好的教材。

編寫教材的基本原則是：

（一）以口語爲主，書寫爲輔。聽、說、讀、寫、作五種學習語言的目標，初期以聽說爲最主要的目標，而且應該從口語入手。應該避免太早教書寫文字或寫作。如果那樣，就是本末倒置，可能會扼殺學生的學習興趣。

（二）教材要由淺入深，由簡入繁，也就是要循序漸進。所教授的內容應包括會話、單詞、發音、句型等各種的練習。怎麼知道哪些是較淺和簡單，而哪些是較難和複雜？這就需要語言學的專業知識和訓練了。而且語言學家也要先好好地研究以後才能掌握語言事實和現象。

（三）教材內容要能反映日常生活、本族文化內涵。本族的神話、傳說、故事都可以編入教材，應儘量避免使用外來文化的教材。

4. 各方面和各單位的密切配合

推行母語的成敗要看各機關各單位是否能密切配合。從縣市政府到各國民中小學，實際負責教學的校長、教務主任和教師都要同心協力，認眞推行才會有成效。在政策方面，上至教育部、教育廳、教育局，在政策上也應積極

八十三學年度母語研究著作頒獎典禮上，作者獲獎致詞。

鼓勵，而不只是消極的認可或同意推行母語教學。此外，家長也要有正確的認識：學習母語對其子女只有好處，而不會有負面的影響，因此應該鼓勵多使用母語。

教育是爲國家培育人才，而不應該爲某一個政府或某一個政權培植政黨的資源。母語的教學應有連續性、長期性的執行，而不應該由民進黨主持縣政才推行，改由國民黨執政就把它廢除。

5. 要有足夠的教學時間

最近教育部才公開同意母語教學活動，可是卻限在每週不到一小時的課外活動時段。這一點時間顯然不足以擔負起母語教學的需要。前面已說過，母語教學應納入正規教育的一環。客觀地說，每週以三小時教授母語較爲適宜，較能符合實際需要。在中小學的課程安排上應該也沒什麼困難。

6. 修訂法規提高母語地位

如果修訂相關的法令，提高母語的地位，並承認母語的功用和實用性，升學和就業都要加考母語的能力，自然會大大地增加學習母語的意願和教學母語的興趣。現行的教育政策和考試制度如果不能及時做適度的修訂，就很難企望實行母語教學會有很好的效果。這個因素比其他各種因素都來得重要，它會影響其他各種因素。

四、結語

推行母語教學要有成效，需要各方面和各單位的密切配合，包括現行教育法規的修訂，母語教學的納入正規教學的一部分，提高母語的地位，培養對於使用母語的正確觀念和態度，母語教材的編寫、師資的訓練，學校、家庭、社會各方面的密切配合。以上種種因素都息息相關，都會影響推行母語的成效。

——原載《原住民文化會議論文集》，1994年

千山我獨行

2009年總統科學獎得獎感言[1]

剛才馬總統提到，這次同時獲獎的錢煦院士（生命科學組）跟廖一久院士（應用科學組）都可以賺大錢，雖然他們並沒有去賺錢。我要跟各位報告，我們做語言學這行的並不賺錢，只會花錢，可是我們可以賺另外一種錢，這個錢是肉眼看不到的，是人類最值得珍惜的文化資產。我們台灣有什麼了不起的文化資產？就是南島民族的語言，所有的原住民語言都是南島民族語言，等一下我會稍微做一點說明。我今天能夠得到這個獎，的確覺得非常高興，同時也非常惶恐，因爲我做夢也沒有想到有這麼一天，會得到總統科學獎（社會科學組）。我不敢說我是一個科學家，但是我得這個獎的確是有鼓舞作用，應該會令人終生難忘的。謝謝，非常謝謝，我要由衷地感謝各位評審委員對我的包容。

語言是人類獨有的特殊才能，人類跟其他的動物有什麼分別？我們也知道，人類跟黑猩猩的 DNA 只差百分之一

---

❶ 本文是 2009 年總統科學獎的演講稿，後經增修而成。

作者榮獲象徵國內學術界最高榮譽的「總統科學獎」

的不同而已，那麼人類跟其他的動物又有什麼分別？從我們的觀點來看，語言就是最大的差別：只有人類才有語言，沒有任何其他動物有語言這個東西。語言是一切文明、科學的基礎。沒有語言，就不可能有科學，不可能有文明，不可能有技術，不可能有藝術、文化、文學……。要有語言才可能有這些東西，所以我說我們做的是這種無價的文化資產的工作。思想不可能脫離語言而存在，因此任何發明跟創作都非得使用語言不可。比較高層次的思想，都必須依賴語言才能運作。每一種語言都有它自己的知識體系，也代表一種獨立的思想、運作的方式。所以，漢人有漢人的思考模式，英美人有英美人的思考模式，南島民族也有南島民族他們一套的思考模式，跟漢人、歐美人士都不同。

國內一般人所熟悉的就是漢語跟英語，但不太了解南島民族的語言。簡單的說，南島民族包括台灣所有的原住民，台灣現在大約還有十幾種南島語言，包括阿美族。剛才總統也說了 nga'aiho 這個阿美族的問候詞。還有泰雅、鄒、布農、排灣……等，有十幾種。這十幾種之間的差異非常大，遠比任何漢語方言差異還要大。漢語方言包括我們的國語、閩南話、客家話、廣東話……，它們的差異比起台灣南島語言之間的差異，簡直是小巫見大巫。

全世界南島民族的語言，大約有一千種，遍布於太平洋、印度洋、以及眾多島嶼之上。台灣雖然只有二、三十種，可是台灣南島語言彼此的差異性非常大，遠比菲律賓、馬來西亞、印尼、夏威夷大；不管哪個地方的南島語言的差異都沒有台灣這麼大。語言之間的差異大表示什麼呢？表示它們分化的期間非常久、年代非常久遠；差異越大，表示它們年代的縱深越長。這一點使許多學者認為：台灣這個地區，從語言學的證據來看，最有可能是南島民族擴散的起點，也就是我們所謂的祖居地，以英語講就是 homeland。

台灣南島語言還有一個特色，那就是保存最多古語的特徵。從事南島語言，從事語言學研究的人都可以做、知道怎麼樣去重建一個語言的歷史。漢藏語族可以做漢藏語族的古語重建，同理，印歐語系可以做印歐語系的古語重建，南島語言也是可以做南島語言的古語重建。重建的語言大概離現在有五、六千年這麼久。台灣的這些語言，是全世界研究南島語族的古語重建所必須使用的資料，絕對不可或缺。因此，我們雖然不賺錢，但是我們所賺到的，是一種無形、看不見的、更珍貴的一種文化資產。我們在座的有原住民主委，他可以證實這一點，他是真正會說南島民族語言的孫大川主委。我們生活在台灣的人可以說是非常幸運的，因爲我們擁有最有價值的文化資產——台灣南島語言。台灣南島民族確實是學術研究的寶庫，最值得我們珍惜，但我要提出一個呼籲：這些語言都面臨消失的危機，要及時搶救！

學術研究的重要成果，常常是經過許多人、很多年的努力累積起來的，從日治時代，日本學者小川尙義教授奠定了台灣南島語言研究的學術基礎以後，許多同行、許多長輩，包括我的老師李方桂院士、董同龢教授、還有我許多的同事，都有很重要的貢獻，還有我的指導教授 Stanley Starosta 教授。所以我今天得這個獎，得這個榮譽，是應該屬於我的所有的老師、所有的同事、幫過我忙的同事、甚至我的助理；沒有他們，我大概沒有辦法完成這麼艱鉅的工作。所以這個獎，我的理解是，它是對我、對我們所研究的這個領域的一個肯定，而不是對我一個個人。中央研究院提供最適合我做學術研究的工作環境，而且又有非常安定的生活。國科會這幾十年來，對我各種研究計劃的支持，我才可能順利的調查研究各種台灣南島語言跟方言。

學術研究工作是很孤獨的。三十多年前，我絕大部分的時間都在孤軍奮鬥。當我揹著旅行袋，單獨一個人在山上行走時，我的心境、我的感覺有如楚留香連續劇主題曲中的一句話，「千山惟我獨行！」每當我到一個部落去蒐集語言資料，常常有人好奇地問我：「你爲什麼要學我們的話？學它有什麼用？離開這個村子，就沒有人聽得懂我們的話了。」我的回答是，「你們的語言很有學術價值。年輕人知道的，

田野調查於南投縣仁愛鄉中原部落的賽德克族語，2001年7月。

愈來愈少了。我要把它記錄下來，免得後代的子孫沒有人知道我們曾經有過這麼有特色有價值的語言存在世界上，存在台灣這個地方。」

調查工作相當辛苦，多數年輕人都不願意從事這種工作。語言的調查研究、分析工作並不容易做，難度也較高。少數有能力從事台灣南島語言研究工作的人，卻又工作意願很低。除了調查工作不方便、怕吃苦之外，另一個影響因素就是：一般人都懷疑研究少數民族語言會有什麼前途？寫出來的研究成果又沒有什麼人要看，何必自討苦吃？這四十年來，是什麼力量在支撐著我，使我從未中斷這一方面的研究工作呢？這就是使命感。我不做，誰做？何況，這是很有意義的工作。我想做一個對社會眞正有用的人，但沒有野心做

作者全家福

一個「最有價值的男人！」(墨西哥拍攝的一部片子)。

台灣各地原住民朋友的熱心、耐心，對於他們無私的奉獻，我只有萬分的感激並表示最崇高的敬意。我希望孫大川主委把我這個心意帶給所有原住民的朋友：我要感謝歷年來協助過我的所有的原住民朋友。沒有他們的熱心幫忙，我就不可能從事各種台灣南島語言的調查和研究。我常常單獨一個人從一個部落走到另一個部落。初到一個地方，誰也不認識，可是經我說明來意之後，部落的人大都對我非常友善，儘量協助我。他們對我這個素昧平生的陌生人熱情款待，如把他們最好的客房讓給我睡，給我吃他們認爲最好吃的食物，常令我十分感動。他們的友善和熱情的確使我銘感於心，久久不能釋懷。我感到對他們虧欠太多，希望能爲他們多做一些有意義的事。我所能做的就是儘量把有關台灣南島語言的研究工作做好，促使國內外人士重視這些語言的眞正價値。上天不負苦心人，我陸陸續續都有一些研究成果提供給學術界，終於獲得國內外的一致肯定，使我感到很欣慰。其實，三十多年前，國際知名的南島語言學家就已給我不少精神上的鼓勵。

最後，我要感謝我的太太——王心玲教授，及我的一對子女，他們都在座。在小孩還小的時候，我經常一個人揹著背包就走了，把整個家都丟給我的太太，這幾十年來，他們無怨無悔，讓我無後顧之憂地專心做我的工作，我要對我的家人特別表示謝意，謝謝！

【附錄一】

我們失去了最珍貴的文化資產

台灣最珍貴的文化資產就是台灣南島語言。南島語族遍布於太平洋、印度洋各群島，語言總數約有一千種，卻以台灣南島語言最為珍貴。在整個南島語族當中，台灣南島語言具有這兩大特色：（一）台灣南島語言最紛歧，彼此的差異最大，這顯示南島民族在台灣居住的時間最長，也最有可能就是南島民族擴散的中心；（二）台灣南島語言保存最多的古語特徵，因此要重建原始南島語言及其史前文化，必須使用台灣南島語言的材料。很可惜的是，許多珍貴的台灣南島語言在十九世紀中葉以前，就已消失了；在大台北地區的平埔族巴賽語於 1937 年才消失。近七十年來，有十四種語言雖然都還保存著，可是會說族語的人口卻越來越少，年輕一代的人都不會說了，尤其以近三十年來的情況最為嚴重。其中有幾種語言（日月潭的邵語、高雄縣三民鄉的卡那卡那富語、桃源鄉的沙阿魯阿語）都只剩下少數幾位老人會說，眞正說得好的都不到十人。2010 年 10 月 24 日，我們失去了最後一位會說西部平埔族巴宰語的潘金玉老太太。因此，現存的台灣南島語言就只有十三種了。恐怕過不了幾年，很有可能只剩下不到十種。

作者與巴宰族最後發音人潘金玉老太太合影

我有幸於十多年前（1997）認識住在埔里愛蘭的潘金玉老太太，從她那兒學到很多巴宰語。這十三年來，我跟她總共工作了四十三次，每次多則五、六天，少則幾小時。最難得的是，她已經三十多年沒有使用巴宰語的機會了，因爲我常去找她幫忙，她逐漸恢復記憶起她年輕時所使用的巴宰語了，其所顯示的語法系統完好如初。因爲有了她，我才有可能跟日本語言學者土田滋教授合作完成並出版兩部巴宰語的專書：《巴宰語詞典》和《巴宰語傳說歌謠集》，林英津教授也出版了一部《巴則海語》，溫秋菊教授完成一篇〈巴宰族祭祖歌〉，國際著名南島語言權威學者白樂思（Robert Blust）也發表了一篇重要的〈巴宰族音韻與構詞〉論文。我們都是拜受她老人家之賜。如今，這些著作都成爲絕響了。

我早已警覺到有朝一日巴宰語言會消失，除了在紙本上做記錄之外，也做了一點錄音和錄影工作。有的電視媒體也找我陪同他們到她家去拍攝過。美國有一家公司，到世界各地去拍攝極瀕危語言的紀錄片，其製作節目就叫作「最後會講話的人」（Last Speakers），他們也來找我帶他們專程到她家去拍攝。因此，珍貴的語言也就有了記錄，可以流傳於後世了。

對於如此珍貴的文化資產，我們政府做了什麼保護措施？說來慚愧，因爲巴宰族並非政府官方正式承認的族群，過去這些年來，雖然我們一再呼籲政府相關單位，要珍惜這些族群的文化資產，可惜並沒有採取任何保護或獎勵的措施。如今，逝者已矣，來者猶可追，希望各界重視和珍惜我們最珍貴的文化資產，尤其是正在苟延殘喘的那幾種族群的語言！

——本文節本刊於2010/10/29《聯合報》民意論壇

【附錄二】

走進部落的台灣南島語言研究之父[1]

文／陳文信

Two roads diverged in a wood, and I--
I took the one less traveled by,
And that has made all the difference.
~~*Robert Frost*

走進李壬癸的研究室，映入眼簾的是一排又一排的書櫃和檔案櫃；這間位於中央研究院人文社會科學館六樓的研究室，絕大部分的空間都用來安置書籍及研究資料，甚至沒有多餘空間擺放招待客人的座椅，藏書量儼然像是個圖書室。

這些書籍和研究資料，記錄了李壬癸多年來的研究歷程和心血結晶。研究資料保存完整，就像他做學問時的質樸厚實；井然有序的書目和資料夾分類，反映出他從事研究時條理分明的堅持；而研究室裡沒有接待客人的座位，似乎不經意透露學術研究數十年來一路上的孤獨。

---

❶ 本文收錄在《2009 年總統科學獎表揚實錄》，頁 8-14。

千山我獨行

台灣南島語言瀕臨消失危機，李壬癸積極投入調查工作，及時做紀錄，並陸續把各種珍貴的語言資料公諸於世。不過，回顧 1970 年代及 1980 年代初，在國內從事台灣南島語言調查研究的人寥寥無幾；其間也有幾年，國內幾乎只有李壬癸獨自一人在做這方面的調查研究工作。因此，背著行李在山地做調查時，他不免有過「千山我獨行」的感嘆。

支撐他繼續做下去的力量，一是他的研究興趣，二則是使命感。李壬癸認爲，不同的語言之間差異非常大，各自有很多不同值得探究的現象，若沒有人去研究，太糟蹋了這些人類珍貴的寶藏。

「我不做，誰來做？」李壬癸表示，許多台灣的南島語言正瀕臨消失危機，研究的每一步都在跟時間賽跑。

南島語言的研究雖然孤獨，卻留下一整片嶄新的天空等著李壬癸發揮。長期的默默耕耘終於開花結果，多年來的豐碩成果，使他在國際南島語言學界爲台灣贏得聲名。他對台灣南島語言研究的貢獻功不可沒，這使他獲得行政院、教育部、國科會、原民會等部會及民間組織多達數十項的獎勵。

直至今日，李壬癸對語言學研究的傑出貢獻，已經獲得國內與國際學術界的肯定。他於 2006 年當選中央研究院院士，並於 2008 年元月當選爲美國語言學會榮譽會士（Honorary

Membership of the Linguistic Society of America）。

2009 年，李壬癸榮獲總統科學獎，是本獎項開辦以來，「社會科學」領域的第二位獲獎者。

幼年時期想透過讀書改善生活

李壬癸於 1936 年 9 月出生在台灣宜蘭冬山鄉務農的詔安客家家庭，是家裡最年幼的男生，他的哥哥們唸完國小後都直接從事勞力工作。

李壬癸的大哥在工地當「工頭」，工作不但辛苦，也處處受制於人，反觀工地裡其他「監工」，衣著整潔體面，工作條件比較好，薪水又比工頭還高。因此大哥主張要讓最小的弟弟多唸點書，希望他未來能透過讀書來改變生活環境。

有了家人的支持，李壬癸從冬山國校畢業後，先後於羅東中學、宜蘭中學完成初中及高中的學業。因爲家裡的經濟環境欠佳，求學時期每個學期的註冊費，對家裡都算是一筆不小的開銷；因此，從中學時代開始，他就常需靠打工賺取學費。

高中畢業那年，李壬癸在大學聯考考取高分，爲了節省家裡的開銷，選擇就讀提供全額公費的台灣師範大學，主修英語系。當時的他，是個從鄉下到台北唸書的年輕人，程度比不上在都會中成長的同學，因此大一剛入學時，他的學業表現不夠理想。

獲老師賞識鼓勵而繼續進修

或許是因爲鄉下人的那份樸實與認眞，讓他投入加倍的時間和心力在課業上；也可能是因爲錄取「英語教學中心」計畫的學生甄選，使他得以在全英語教學的環境下，透過外籍教授的教學及耳濡目染的情境中，學習活用語言，李壬癸從大二、大三開始，成績大幅度進步。

他的進步引起了師大英語系林瑜鏗教授的注意，林教授對李壬癸的進步感到驚喜，並特別賞識、提攜這位認眞的學生。

作者（後右一）在語言學上的啓蒙恩師：林瑜鏗教授（下排中），英國文學教師譚普森Paul Thompson（下排右），後排站立都爲同班同學：左起蔡國樹、林樺、滕以魯、李壬癸等四位教授。

李壬癸在大學畢業後，先後任教於建國中學及北二女（後改名中山女高）。他在教學上有疑惑時，會回師大請教林教授，而林教授也曾特地到建中去，躲在教室後面的窗外觀察李壬癸的教學，並給予他教學上的建議。

後來，在林瑜鏗教授的鼓勵及「亞洲協會」的資助下，李壬癸 1962 年到美國密西根大學攻讀英語文學碩士，一年後取得碩士學位返國，於師大英語系擔任講師。

在師大從事教學與學術研究工作四年後，李壬癸深感自己所學不足，考慮到他的語言研究可能會因此而處處受限，於是決定 1967 年再度出國深造，在美國夏威夷大學攻讀語言學博士。

對南島語言深深著迷

李壬癸在夏威夷攻讀博士學位時，有幾位教授都在研究太平洋地區的南島語言，在這樣的機緣之下，讓他對南島語言有了初步的認識。

1968 年夏天李壬癸跟一位老師及兩位同學，一起到南太平洋地區 New Hebrides 群島（後來改名為 Vanuatu）做田野調查，深爲那些語言種種有趣的現象著迷。後來在 1969 年夏天，他應聘到東加洛林群島（East Caroline Islands）編寫土著語言教材，透過這次的機會，他又看到了不同類型的語言結構系統。

那些語言都跟台灣南島語言有親屬關係，於是李壬癸計

作者恩師李方桂（左一）院士及其夫人徐櫻女士

畫回台灣做田野調查，準備蒐集博士論文的資料。

當時李方桂院士就爲他安排到中央研究院歷史語言研究所任職，同時撰寫博士論文。自1970年6月回國以來，迄今近四十年，主要的工作都是在調查研究各種台灣南島語言和方言，包括已消失的幾種平埔族語言的文獻資料收集、整理和解讀，也曾到菲律賓去做過幾次的田野調查，包括小黑人（Negritos）的語言。

田野調查的不便及困難

三十幾年前，台灣的交通還不像現在這麼便利，但當時李壬癸爲了研究原住民語言，不惜跋山涉水深入部落，常常光搭車、轉車到最近的車站，就已經傍晚了；下車之後，就必須要走夜路上山，稍微不留神可能就會迷路，甚至遇到其他種種危險。

「做田野調查的人，要耐得住性子。」李壬癸指出，當年他剛開始從事田野調查時，不只交通上不方便，與親友聯繫也是很大的問題。他在部落中一住就是好幾天，短則一至兩周，最長還有連續待上一個多月；當時遑論手機，部落中連市內電話都沒有，而寄信也都要等很久才會到。

當時進入部落要申請入山證，在部落中生活也有諸多不便，除了交通和聯繫通訊的問題之外，最基本的生活及飲食習慣，也都需要時間調適。

1987 年清大語言所甫成立時，李壬癸帶著第一屆學生到苗栗泰安鄉研究泰雅族語；目前任教於實踐大學應用外語系的黃美金教授，當年剛念完博士學位返國，就跟著這位語言學研究的前輩進入部落，黃美金表示：「當時在部落生活已經相當不便，更難想像李教授更早以前所面臨的環境有多艱難。」

左：黃美金，右：李壬癸，中：Stanley Starosta

堅持親身做第一手調查

到原住民部落研究南島語言的辛苦，不只是舟車勞頓和生活不便，還包括每一個所要研究的南島語言，李壬癸都要從零開始學起。相較於研究漢語或閩南語等使用較爲廣泛的語言，研究者可能從身邊就可以取材；研究原住民語言，光是蒐集、記錄語料，就是一項浩大的工程。

「身爲語言學家，不能讓台灣寶貴的語言在我們手上消失。」黃美金表示，李壬癸就是秉持著這樣的信念，孜孜不倦從事教學與研究工作。也因此，過去這麼長的時間裡，李壬癸數十年如一日，每研究一套語言系統，就會從該語言中的單字、句式、語法、結構、人稱代名詞……等最基本的元素開始記錄，這樣的工作極其瑣碎複雜，做起來十分耗工耗時。

黃美金指出，每個語言研究，特別是原住民語言，都相當重視使用語言的情境，因此這樣的研究工作不可能偷懶。李壬癸一向堅持這項原則，所以他的研究絕不假他人之手，一定是第一手的親身調查。

不過，正因爲他所研究的語言資料，絕大多數都是親自採集，而且語料採集及紀錄多來自住在偏遠地區的年長發音人，因此常發現前人所未發現的現象。李壬癸表示，採集資料雖然辛苦，然而每當自己記錄著從未有人記錄過的語言資料或現象時，內心的興奮是難以言喻的。

長期以來，李壬癸根據實際觀察所得的語言現象，驗證現有的語言學理論、提供嶄新的觀點，或在理論上提出決定性的證據。這些重要的學術成就，除了來自他對學術研究工作的執著及熱忱，更重要的是腳踏實地、格外堅持研究倫理的學者風範。

入境隨俗的田野調查者

李壬癸鮮少把發音人從部落請到位於市區的研究室，大多都是他自己跑到部落去，爲的是希望能保存這些語言的原汁原味，不會因爲發音人的緊張或不適而走樣。

「全台灣的山區原住民部落，李老師幾乎都跑遍了。」任教於國立台灣大學中國文學系的楊秀芳教授，曾在李壬癸的指導下完成碩士論文和數項國科會研究計畫；她表示，南島語言研究不但需要過人的毅力和耐心，李院士有良好的運動習慣，有足夠的體力，才有辦法如此「全台部落走透透」。

李壬癸回想初到部落做研究時，研究的是完全陌生的語言，一開始什麼都不會。會講古語的發音人多爲部落中的長者，必須透過部落裡的年輕人用國語翻譯溝通；剛開始時，受訪者不免對他這位外來者有戒心，誤以爲他有其他的目的，時常遇到發音人會問：「你爲什麼要學我們的語言？」

讓發音人卸下防備，唯一的途徑就是用眞誠的心、坦誠的態度去跟他們相處。取得對方的信任後，李壬癸又會遇到熱心的發音人問他：「你學我們的語言要做什麼？學了這個語言，到隔壁山頭的村子，可能就又不能用了喔！」保存文化資產的概念，對多數原民部落而言仍然太抽象，大部分的人關心的還是現實生活環境。

黃美金就非常佩服李壬癸的耐心和毅力，她指出，李老師隨時隨地都可以做研究，即使在路邊或是發音人的家裡，他都能入境隨俗，讓族人把他視爲部落中的一份子。楊秀芳也指出，李老師以前去部落，交通不便，也沒有旅館民宿，有時候就直接住在發音人家裡；她觀察李老師與發音人的互動，從中學習到研究者如何與發音人打成一片。

黃美金認爲，這種親和力看似稀鬆平常，其實正是田野調查研究者最重要的特質之一。

跟時間賽跑

李壬癸是第一位研究原住民語言的台灣本土語言學家，也是全世界對台灣原住民語言研究得最透徹、最全面、累積成果最豐碩的語言學家。他調查過所有現在通行的、搶救過即將消失的、和復原過已經滅絕的台灣原住民語言。

不過李壬癸強調，其實有不少前人在台灣原住民語言研究領域打下了重要的基礎；早在日治時期，日籍學者小川尚義和淺井惠倫就曾走進部落，投身原住民語言的相關紀錄與研究，並在 1935 年出版《台灣高砂族傳說集》，是研究台灣南島語的重要鉅作。

可惜的是，不久後台灣就歷經戰亂及政權交接，不久後中央政府播遷來台，相關記錄與研究因此中斷；復以戒嚴時期，政府爲了推行語言統一，在政策上獨尊國語，對少數族群的語言缺乏謹慎的保護措施。這一連串的時代因素，加上政府的作爲與不作爲，直接或間接地導致這些語言正在迅速消失，語言研究也缺乏持續而完整的紀錄。

正因如此，李壬癸長期耕耘的原民語言研究工作，其實一直都在跟時間賽跑。他非常感謝日本的同輩學者土田滋教授，在這幾十年來提供相當多重要的協助；只不過，李壬癸表示，三十多年前他剛投身原住民語言研究時，很多語言的系統都還很健全，但現今很多年輕一輩都不會講了。

李壬癸指出，除了政府在過去獨尊漢語、保護和鼓勵措施太晚起步以外，大眾媒體的普及也是造成語言保存困難的原因之一。新傳播科技日新月異，技術的進步讓家家戶戶都有電視，連部落也是如此，年輕的原住民在大眾媒體的陪伴下成長，透過電視學國語，學習大眾社會的種種文化及價值觀。

親身見證這些語言正在迅速走向滅亡的過程，這也是李壬癸爲什麼會一直勤跑部落的原因，因爲現在做都覺得爲時已晚，不敢想像若再等下去，這些語言將何去何從。

南島語言是台灣的珍寶

討論台灣的歷史文化不能忽略原住民，而原住民文化也是台灣的歷史文化最重要的特色之一。原住民的總數雖只佔台灣總人口約 2%，但他們卻是亞洲太平洋地區最有特色的少數民族；台灣因爲有這些南島民族，可以很自然地跟太平洋各島嶼國家建立密切的關係。

談起投入了將近四十年的時間和心力研究南島語系，李壬癸表示，每一種語言都要花很多時間研究，其實終其一生都不夠用；他舉英語爲例，全世界有多少人、花了多少時間在研究英語，但英語這個語言還是留下許多待解的問題。

其實，在現代的語言中，會保存古語的特徵；因此，研究者可以透過分析現代語言的系統和文法規則，來重建語言的歷史。在語言的歷史中，分清楚語言與語言之間的親疏遠近（語言之間越多不同，代表分開得越久），可以追本溯源，瞭解語言逐步演化的過程，並窺見其遷移的路線。

從太平洋到印度洋，整個南島語系的分布幅員遼闊，因此南島民族的起源及如何擴散到太平洋和印度洋各群島，是舉世關注的課題。釐清語言之間的親疏遠近關係之後，就可以確定古南島民族（約在五千多年前）如何逐步分化和分階段擴散。

累積多年的研究成果已足以證明：台灣的南島語言最爲紛歧，並且保存最多的古語特徵。因此，就語言學上的證據而言，台灣最有可能是南島民族的起源地。如今國際南島語言學者大都接受這種看法，台灣的南島民族也就成爲台灣最具有特色的文化資產。在這一方面，李壬癸扮演了相當關鍵的角色，他多年來的研究工作，提供語言起源和擴散的重要線索和證據。

台灣南島語言調查研究之父

自從1970年以來，李壬癸主要在中央研究院任職，從事語言的調查研究工作，尤其對各種台灣南島語言的調查研究工作，三十多年來從未間斷過。具有研究熱忱的他，也曾擔任中研院史語所語言組主任、中研院史語所副所長、中研院語言所籌備處第一任主任、台灣語言學會第一任會長等行政職務。

李壬癸長期以來持續關心並投入南島語言的復育工作，在進行田野調查時，他發現這些珍貴的語言都沒有文字紀錄，這促使他爲15種現存的台灣南島語言制訂了羅馬拼音的書寫系統，教育部於1993年4月正式公告使用迄今。本來它們是沒有文字的語言，如今也都成爲有文字的語言了。

除了制定書寫系統外，李壬癸也是第一個繪製出「台灣南島民族遷移圖」的學者，他已經成爲台灣南島語言的代名詞。無論是國際上研究南島語的專家或是民間團體、政府單位或是原住民本身，當他們需要關於台灣原住民語言的資料或諮詢性意見時，第一個想到可以請教的，一定是李壬癸。

他雖然不是第一個研究台灣南島語言的語言學家，卻是到目前爲止貢獻最多的一位；稱他爲「台灣南島語言調查研究之父」，絕對當之無愧。

嚴師慈父

不過，李壬癸不改學者風範和謙虛的個性，直說若有什麼成績，都是長久以來多人累積的成果；他更不忘強調早期日籍學者的調查紀錄，對台灣南島語言研究有多重要。然而，現在台灣從事台灣南島語調查研究工作的教授或研究生，確實大多都是李壬癸的學生、晚輩或深受他影響的人。

李壬癸在全心投入學術研究之餘，也不忘透過教學，訓練出一批批專業的田野調查研究者，鼓勵他們共同參與原住民語言的研究及復育工作。他曾任教於國立台灣師範大學、國立台灣大學、國立清華大學（語言學研究所第一任所長）；在國外曾在新加坡南洋大學教過一年，並先後在夏威夷大學、俄亥俄州立大學、康乃爾大學擔任過短期的客座教授。

黃美金表示，李壬癸長久以來獨立奮鬥，所以更加努力訓練學生，希望有更多有能力、有熱忱的研究者投入相關調查工作；她回想當年跟隨李老師從事研究的那段時間，直說老師雖然外表很嚴肅，但私下非常關心學生，言語中更是不減幽默，往往在辛苦的工作後，說出令人會心一笑的話。

「嚴師」和「慈父」形象，深植在李壬癸指導過的學生心中。楊秀芳說，李老師很願意與學生分享他的研究心得，也不吝讓學生觀摩他的研究工作；楊秀芳認為當初跟隨李老師做研究的經驗，對她日後的研究工作非常有幫助，一直到現在仍感到獲益良多。就是這樣的風範，以及從事調查研究

作者所帶領的台灣南島語言調查研究群：前排坐著左一是夫人王心玲教授，後排左起黃美金、齊莉莎、張郇慧、吳靜蘭、葉美利、張秀絹、林修旭，2000年。

的熱忱，李壬癸在身邊的親友和晚輩心中留下難以撼動的地位；除了研究成果之外，更重要的是，他多年來的人生經歷和人格特質，正訴說著人要怎麼認眞對待一件事。

國家圖書館出版品預行編目資料

台灣南島民族的族群與遷徙〔增訂新版〕
／李壬癸著.
--增訂新版.--台北市：前衛，2011.01
320面；15×21公分

ISBN 978-957-801-660-6（平裝）

1. 台灣原住民　2. 民族文化
3. 文集

536.33007　99023109

台灣南島民族的族群與遷徙〔增訂新版〕

著　　者　李壬癸
責任編輯　周俊男
美術編輯　宸遠彩藝
出 版 者　前衛出版社
10468 台北市中山區農安街153號4F之3
Tel：02-25865708　Fax：02-25863758
郵撥帳號：05625551
購書・業務信箱：a4791@ms15.hinet.net
投稿・代理信箱：avanguardbook@gmail.com
官方網站：http://www.avanguard.com.tw
出版總監　林文欽
法律顧問　陽光百合律師事務所
總 經 銷　紅螞蟻圖書有限公司
11494 台北市內湖區舊宗路二段121巷19號
Tel：02-27953656　Fax：02-27954100
出版日期　2011年1月增訂新版一刷
2015年1月增訂新版二刷
2022年9月增訂新版三刷
定　　價　新台幣320元

Printed in Taiwan　ISBN 978-957-801-660-6